Grüne Tinte auf Papier – Gereimtes und Ungereimtes

Herstellung und Verlag: BoD - Books on   Demand,
Norderstedt
C 2017 by M. S. Dueschamm / Klaus-Jürgen Sparfeld
Herausgegeben von Klaus-Jürgen Sparfeld

ISBN 9783744813358

Fotos: Klaus-Jürgen und Marion Sparfeld

M. S. Dueschamm

Grüne Tinte auf Papier

Gereimtes und Ungereimtes

***

***

Vorwort

„Gedichte? Wer liest denn heute noch Gedichte!" das hörte ich oft, wenn ich erzählte, daß ich einen Gedichtband herausgeben will. Selbst in meinem engeren Bekanntenkreis sind derartige Machwerke nicht der Renner: „Zu lang, zu kurz, kein Reim, zu viel Reim, zu schwer, zu leicht, unverständlich, banal…" Es gibt nichts, was es nicht gibt an Meinungen darüber.

Nun, gerade diese Aussagen haben mich letztlich darin bestärkt, mein Vorhaben weiter zu verfolgen. Am Ende konnte ich einen alten Freund und langjährigen Weggefährten davon überzeugen, mich bei der Herausgabe zu unterstützen. Und hier ist es nun, das Ergebnis: „Grüne Tinte auf Papier" ist ein Band mit einer Auswahl an Gedichten, Liedern und Weisheiten aus mehreren Schaffensjahrzehnten.

Der Titel bezieht sich auf meine Angewohnheit, eine ganze Reihe von Jahren meine geistigen Ergüsse mit Hilfe eines grün betinteten Füllers zu Papier gebracht zu haben. Das ist das ganze Geheimnis.

Die Auswahl für den vorliegenden Band ist mir nicht leicht gefallen. Am Ende habe ich den Schwerpunkt auf die frühen Jahre gelegt: Erste Liebe, ihr Ende, neue Liebe, Schmerz, Hoffnung und Verzweiflung in ihrem immer wiederkehrenden Kreislauf bestimmen in weiten Teilen das Bild. Aber auch der Mensch als das, was er ist und das, was er sein will kommt nicht zu kurz.

Um dem Ganzen eine gewisse Struktur zu geben und dem Leser das Zurechtfinden zu erleichtern, habe ich mich nach vielen Versuchen dafür entschieden, einen ganz einfachen Weg zu wählen: Ich habe die Werke alphabetisch angeordnet. Auf diese Weise sind sie leicht wieder zu finden und ich habe das vermieden, was einem Autor nie leicht fällt: eine persönliche Gewichtung vorzunehmen. Diese mag jeder Leser für sich selbst treffen.

Damit sei es nun auch genug der Vorrede. Ich wünsche allen männlichen und weiblichen Lesern lange Kurzweil mit „Grüne Tinte auf Papier"!

M. S. Dueschamm

Abitour

Es ist geschafft, man denkt voll Glück
An die vergangne Zeit zurück

Englisch ist doch nicht sehr schwer
In Latein dagegen hapert´s sehr

Mathe, das ist wirklich fein
Doch in Sport, da könnt´ es besser sein

In Deutsch, da gab es nie Probleme
Bio zeigte dir die Schul´ auf´s Angenehme

In Geschichte da warst du ein As
Auch Erdkunde brachte manchen Spaß

In Französisch littst du gar manche Stunden
Und kamst doch unbeschadet über alle Runden

Musikalisch warst du nie
Doch auch da ging´s irgendwie

In Kunst machte man verrückte Sachen
Mal zum Heulen, mal zum Lachen

Physik war meine schwache Seite
Doch mit Chemie wetzt ich aus die Pleite

Nun ist der Erfolg endlich dein
Kann man noch zufriedener sein?

Nun denk´ auch an all jene, die dir beigebracht
Worüber du gebrütet manche lange Nacht

Deiner Mutter danke sehr –
Was ohne sie wohl wär´?

Der Vater kam und hat gelacht
Als das schwere Werk schon längst vollbracht

Drum merk´ dir folgende Gedanken
Die tief in mich sich brannten:

Die einen säen,
Die andern wollen ernten!

Ach, ich glaub´

Wann? Es ist passiert!
Es war plötzlich da, noch eh ich es kapiert!

Gekämpft hab´ ich dagegen –
Tage, Wochen und bin doch unterlegen.

Ich gab schließlich nach
Vierzehn Jahre – Du Idiot, doch ich ward schwach.

Ich hab´s nicht bereut – bisher!
Nur manchmal, da wünscht´ ich, daß sie älter wär´!

Doch ich will ihr alles geben –
Was ich zu geben hab´ - sie hilft mir leben!

Wenn sie so glücklich ist wie ich –
Es wäre wunderbar – ach, ich glaub´, ich liebe Dich!

Am Anfang

Wer bist Du – kenn´ ich Dich?
Wer bin ich – kennst Du mich?

Man spricht und glaubt zu wissen
Später dann, fühlt man sich beschissen.

Man schmust und küßt und liebt
Einer dem andern die Schuld zuschiebt.

Am Anfang ist es schön und heiter
Am Ende weiß dann keiner weiter.

Amazonas

Alles fließt und strömt
Meeresgleich in Fülle
An den Ufern dichtes Grün
Zwischen Wellen schwer dahin

Oben brennt die Sonne
Nirgends sonst die Weite
Aber viel zerstört davon
Schon in weiter Breite

Am Ende

Fressen, bumsen, saufen
Was gefällt, sich kaufen

Wollen, nehmen, haben
An den Dingern laben

Keine innere Stimme
Immer Lust der Sinne

Töten, rauben, jagen
Für den eigenen Magen

Ich und ich und wieder
Machst du alles nieder

Wieso schenken, denken?
Dein Geschick nur lenken!

Alt, gebrechlich, klein
Wirst du sehr einsam sein!

Am Fluß

Ein Fisch schwamm durch den Fluß
Auf der Brücke fuhr ein Bus
Die Brücke stürzte ein
Der Bus, er fiel ins Wasser rein.

Nun schwimmt der Fisch und auch der Bus
Sie schwimmen beide durch den Fluß
Du kannst es selber sehen
Mußt nur zum Fluß hingehen!

An einem Sommertag

An einem Sommertag im Mai
Da ging sie an mir vorbei
Wir sahen uns kurz an
Es war ein Traum, der dann begann!

Auch ohne sie

Bist nicht heiter –
Doch du lebst weiter
Auch ohne sie –
Es klappt doch nie!

Auf der Brücke

Auf der Brücke stehend
In das Wasser sehend

Gib mir einen Stoß
Und Du bist mich los

Augen, sanfte braune

In dem Restaurante
Vielleicht ihrer Tante

Stand sie an dem Tische
Fragte, was ich wische

Was sie denn wohl hätte
An Menü, komplette

Sie sagte es mir an
Und ich bestellte dann

Brachte mir das Essen
Hätt sie gern gefressen

Und ein sanftes Lächeln
Sorgt für leichtes Hecheln

Zwei Tage später dann
Traf ich sie wieder an

Gleich schaute zu ihr hin
Und hinab fiel mir das Kinn

Denn sie strahlte helle
Winkte auf die Schnelle

Dann war sie verschwunden
Viel zu viele Stunden

Und am letzten Tage
Wenn ich es dir sage

War sie wieder dorten
Und stand an den Pforten

Brachte mir das Happa
Leider kaum Geplapper

Doch die schönen Augen
Konnte voll mich saugen

Ein Foto noch ganz schnell
Mit ihr natürlich, well

Auch wenn sie erst nicht wollte
Alle meinten: sollte!

Gab die Hand dann ihr
Wurde warm ums Herze mir

Bin sodann gegangen
Hat mich eingefangen

Augen, sanfte braune
Machten, daß ich staune!

Ausgerechnet Du

Blonde Haare
Und Kußmund dazu
Lange Wimpern –
Doch nein – ausgerechnet Du

Neunzehn Jahre
Alt genug im Nu
Um die Ecke
Doch nein – ausgerechnet Du

Einen Freund
Doch lächelt dir zu
Süßes Gesicht
Doch nein – ausgerechnet Du

Dunkle Locken
Hochhackige Schuh
In deinem Alter
Doch nein – ausgerechnet Du

Funkelnde Augen
Siehst sie immerzu
Tolle Figur
Doch nein – ausgerechnet Du

Vierzehn Jahre
Läßt dir keine Ruh´
Denk´ nur an sie
Das – bist Du

Ausgeruht

Gute Nacht und schlaf´ recht gut
Hat Dich auch verlassen der Mut!

Denk´ dran, neue Kraft zu fassen
Fällt leichter – ausgeruht!

Aus und vorbei

Ob Pessimist ob Optimist
Sieh die Sache wie sie ist:
Willst Du bei ihr bleiben,
Mußt Du unendlich leiden.
Gehst Du von ihr fort –
Nichts anderes als Selbstmord.
Was Du auch tust, wie dem auch sei:
Mit dir ist es aus und vorbei!

Beim Fliegen

Beim Fliegen sieht man viel
Ein immer spannend Spiel

Leute von überall
Ein lauter Redeschwall

Sie sitzen, sie warten
Waren hier zum Braten
Sind nun glücklich und braun
Und verpesten den Raum

Sie wollen nach Hause
Schnell und ohne Pause
Sie hetzen zum Schalter
„Die Tickets, schnell, Walter!"

Das Gepäck ist zu schwer
Da zahlt man eben mehr
Denn Souvenirs sind gut
Man braucht den neuen Hut

Deutsch spricht hier keiner, nein
Das muß doch aber sein!
Man bringt doch hier das Geld
Man ist wer in der Welt!

Man ist Sesselpuper zu Haus
Hier hängt man den Krösus raus
Der Bauch und die Brille
Hier zählt nur mein Wille!

Die erste Hürde puh!
Man wartet weiter nu
Check in, das war nicht schwer
Wenn erst nur Boarding wär!

Der Schalter öffnet sich
„Der erste, das bin ich!"
Das rufen alle nun
Die Dame hat zu tun

Ein dichter Pulk steht an
Es kommt doch jeder ran!
Nein, schubsen und drängeln
Sich vorbei dann schlängeln

Ich sitz in Reihe vier
Die Sintflut kommt nach mir
Der Gang, der ist blockiert
Weil niemand es kapiert

Warum denn mal auch denken
Gedanken verschenken?
Der Nächste bin ich mir
Das merke ja nur dir!

Man schaut und nicht versteht
Das es nicht anders geht
Du machst die Augen zu –
Sonst hast du keine Ruh!

So lernst du beim Fliegen
Wie die Dinge liegen –
Der Mensch er zeigt sich hier
Als was er ist: Ein Tier!

Brasil

Land so weit
Und leer
Und kalt
Und voll
Stinkend
Und atmend
Sauerstoff schluckend
Leben saugend
Zerstörend
Polypengleich
Wie ein Geschwür
Wachsend
In alle Richtungen
Nur nehmen
Und verschlingen
Am Ende
Nichts
Brasil

Braunes Haar

große Augen
braune Augen
schöner Mund
roter Mund
kleine Nase
süße Nase
braunes Haar
wunderbar!

Brot – mit Butter

Es weht der Wind
Es schreit das Kind
Es sucht die Mutter
Der Mann ißt Brot – mit Butter

Die Fahnen flattern
Die Regentropfen plattern
Die Leute tragen Jacken mit Futter
Der Mann ißt Brot – mit Butter

Es sitzen Mädchen im Bikini
Es sind süße kleine Teenie
Es fährt der Krabbenkutter
Der Mann ißt Brot – mit Butter

Einer schwimmt im Meer
Einer blickt den Wolken hinterher
Einer buddelt im Motter
Der Mann ißt Brot – mit Butter

Es kämpfen Menschen im letzten Krieg
Es kämpfen Menschen bis zum endgültigen Sieg
Es versinkt die Welt gleich einem Kutter
Der Mann ißt Brot – mit Butter

Charlotte (Nur der Name blieb)

Es war halb vier
Und in der Nacht
Da trafen wir
Ich hab´ an nichts gedacht

Ich sah Dich an
Und sprach mit Dir
Ich fragte: Wann?
Du sagtest: sechs und hier

Ich freute mich
Und hoffte sehr
Es rächte sich
Denn Du, Du kamst nicht mehr

Ich sah Dich dann
Ging hin zu Dir
Ich sprach Dich an
Warst brummig nur zu mir

Warum denn nur
Was falsch gemacht
Nicht eine Spur
Und Du – hast Du gelacht?

Verliebt total
Und Du nicht hier
Und keine Wahl
Wie finde ich zu Dir?

Nur der Name
Der Name blieb
Von der Dame
Für die ich das hier schrieb

Circus

Lachen ist ja so gesund
Und aus diesem Grund
Da sagt der Vater zu dem Sohne:
Komm, gehen wir zu Krone!

Der Circus ist sehr fein
Das wissen Groß und Klein
Ob bei Krone, Barum oder Busch
Ein jeder einfach lachen muß

Traurig gehn sie heim
Die Kinder groß und klein
Denn jetzt ist Schluß
Im schönen Circus Busch

Der Schüler stutzt, als er geht heim
Was steht denn da am Oland?
Das kann doch wohl nicht sein!
Es ist der Circus Roland!

Dann geht Liebe fort

Wenn die Sonne scheint
Und der Vollmond weint

Wenn der Nebel schwant
Und der Morgen ahnt

Wenn das Wasser blitzt
Und der Abend schwitzt

Wenn die Wälder stehn
Und die Felder sehn

Wenn die Erde bebt
Und die Wiese lebt

Dann geht Liebe fort
Und es bleibt kein Wort!

Da sein

Das Schlimmste was es gibt auf Erden
Ist von niemandem geliebt zu werden.

In den frohen Stunden Deines Lebens
Bist Du ausgelassen und auch heiter
Doch bist Du müde dann des Gebens
Und denkst auch in die Zukunft weiter

Dann wird Dir schließlich klar,
Wie dumm Dein Handeln war:

Nicht die Freunde für den Augenblick
Nicht ein Mädchen, schnell erwählt
Bringen Dir das wahre Glück
Es ist was anderes, das zählt:

Lieben und geliebt zu werden
Wahre Treue bis zum Tod
Ist das Schönste hier auf Erden
Ist das Ende unsrer Not.

...daß Du weißt

In Deinen Armen liegen
Den Kopf an Deinen Schultern reiben
Wie eine Katze schnurren
Tief in Deine Augen sehn
Über Deine Wangen streichen
Deine Lippen zärtlich küssen
In Deinen Nacken beißen
Über Deinen Rücken fahren
Fest an Dich mich pressen
Ich will, daß Du weißt ich liebe
Mit aller Zärtlichkeit und allem Triebe

Das Tor hinaus

Wenn Dich Gedanken quälen
Und Dir die Worte fehlen –
Dann mache die Augen zu
Und Du findest Deine Ruh´

In ferne Länder fahren
Wo die Elfen einst waren
Mit großen Fürsten speisen
Durch viele Märchen reisen

In Deine Vergangenheit
In eine glückliche Zeit
Nach Kinderträumen jagen
Alles noch einmal wagen

Die alten Götter sprechen
Und Raum und Zeit durchbrechen
Mal bist Du groß, mal ganz klein
Bist Fürst und wirst Bettler sein

Zu den Sternen hoch empor
Dann hinab zum Höllentor
Du bringst die Welt ins Wanken
Fliegst Du auf den Gedanken

Das wilde Tier

Ich denke nach
Und liege wach
Ich denke nach
Es fehlt der Schlaf
Ich denk an dich
Ich denk an mich
Ich denk an dich
Und lohnt es sich?
Du fliegst herum
Hältst mich für dumm
Und du hast recht!
Mir ist so schlecht
Ich will nur weg
Von jenem Fleck
Weiß nicht wohin
Worin der Sinn!
Bin am Leben
Und muß streben

Bin am Leben
Wer kann geben?
Hoch und runter
Müde, munter
Und such in mir
Es lebt in mir
Und quält in mir
Das wilde Tier

Deine Augen

Und mein Herz
Es hüpft und springt
Es wacht auf
Es lacht und singt

Die Tauben
Und die Sonne
Die Trauben
Alles Wonne

Sie schaute
Sie spricht mich an
Mich graute
Gefühle dann!

Kein Zurück
Es ist nun so
Mein Glück?
Ich weiß nicht wo

Nun hoffen
Und auch glauben
Getroffen
Deine Augen!

Deine Formen

Deine Schenkel und dein Po
Machen meine Augen froh!
Doch auch deine Brüste
Die steigern meine Lüste!

Deine Augen blitzen frech
Wenn ich mit dir dann sprech
Du hast es schon geahnt:
Ich hätt dich gern besamt!

Na komm und spreiz die Beine
Alles andre geht alleine!
Die Hüllen fallen nieder
Du trägst nicht mal ein Mieder!

Wo ich deinen Körper spür
Bekommst du was von mir!
Doch nicht aus diesem Grund
Ist dein Bauch so schön, so rund!

Ich liebe deine Formen
Die kleinen und enormen
Deine Schenkel und dein Po...

Deine Nähe

Ein Dasein ohne Dich
Ist ein Leben allein
Ist die Hölle für mich
Ist ohne Sonnenschein

Was Du mir gibst
Wenn Deine Augen sagen
Daß Du mich liebst
Und die tausend Fragen

Ein Kuß von Dir
Ein Lächeln Deiner Lippen
Ein Blick zu mir
Ein Stoß in meine Rippen

Deine Nähe gibt mir Wärme
Gibt mir alles und noch mehr
Gibt mir vom Himmel die Sterne
Bitte, gib mich nie mehr her!

Der Blumenfreund

Hunderte von Blumen
Auf der Wiese stehn
Sie leuchten in der Sonne
Und sind bildschön anzusehn

Dicht an dicht gedrängt
Blühen sie da
In blau, in gelb, in rot,
Und auch in lila

Der Wanderer kommt
Und ist ganz entzückt
Durch die Wiese springt er –
Und pflückt und pflückt

Beim Pflücken nur nach den schönsten
schaut er
Wenn er dann geht, wächst auf der ganzen Wiese
gar kein Kraut mehr

Der Fischer

Ein Angler saß auf einem Stein
Ein großer Fischer wollt´ er sein.

Doch leider – ach o welche Pein
Fiel er am Ende selbst hinein.

Der kleine Haken

Ich würd´ so gern mit Dir verreisen
Um den ganzen Erdball kreisen

Nach Finnland, Griechenland – Athen
Alles mit Dir zusammen sehn!

Ich will, ich will es so fest
Doch es gibt niemand, der uns läßt!

Du bist achtzehn nicht –
Mein Problem ist schlicht:

Alt genug, das bin ich zwar
Doch Geld ist nicht genügend da!

Was, als zu hoffen bleibt –
Für den, der diese Zeilen schreibt?

Der MMM

Ich bin der Modder Modder Mann,
Ich hab´ ein weißes Kleidchen an.
Ich sitz´ auf einem Stein,
Auf meinem rechten Bein.

Den ganzen Tag melk´ ich ne Kuh,
Die macht dazu nur muh.
Abends leg ich mich auf ein Blatt,
Das ist danach ganz platt.

Nie verlass´ ich diesen Ort,
Hüpf die ganze Zeit herum;
Du glaubst mir jedes Wort?
Ach Gott, wie bist Du dumm!

Der Schatten

Da ist eine Mauer.
Eine große, feste Mauer.
Unendlich lang
Unendlich hoch
Unendlich stark
Unüberwindlich.

Du stehst davor.
Entsetzen
Verzweiflung
Resignation
Hoffnungslosigkeit.
Kein Weg.

Der Vogel

Ein Vogel auf dem Aste in der Sonne sich ahlend
Bunt schillernd das Gefieder, strahlend und prahlend
Jeder wünscht sich, so wie er zu sein
Fühlt sich daneben unscheinbar und klein

An seiner Seite zu gehen
Daß die anderen ihn sehen
Erhoben über die Masse, dem Strahlenden gleich
Das Leid ist vorbei, nun ist man reich

Der Jäger erschießt nicht den unscheinbaren Vogel
Das Raubtier springt nicht dem schwarzen an die Gurgel
Der bunte auf seinem Aste gerät in Not
Er liegt nun auf dem Boden – und ist tot

Diachron

Wieso, warum?
Alles, was Du gabst
Was war es,
Was Du sagtest, was Du sprachst?

Worte, Worte
Gesprochen in den Wind
Was mach´ ich verkehrt?
Sie nie wieder find´

Einsam, verlassen
Verweht im Sand
Dort leer, nicht mehr
Wo ein Haus einst stand

Fest, stark
Die Mauern unbezwingbar
Weggewischt wie Staub
War es wirklich wahr?

Sitzen, hassen
Ein Narr, ein Clown
Leer, nicht mehr
Ein neues bau´n?

Dich sehen

Denk´ an Dich
sehne mich
hin zu dir
schreit in mir
mein Gefühl
Kinderspiel
so verletzt
so entsetzt

gefangen
Verlangen
alleine
ich weine
ich giere
und stiere
Dich kriegen
besiegen
Dich saugen
mit Augen
Dich packen
im Nacken
Dich drücken
zerpflücken
Dich beißen
zerreißen
Dich sehen –
verstehen

Dich zu lieben

Dich zu lieben, bei Dir zu sein
Alles andere wirkt dagegen so klein

Dir alles geben
Mein ganzes Leben

Als Dank ein Lächeln von Dir
Es ist genug – es reicht mir

Die es ist für mich

Mädchen gibt es viele
Viele auf der Welt
Es ist mehr als eine
Die mir gut gefällt!

Will man alle haben
Und sie alle sehn
Kann in einem Leben
Das bestimmt nicht gehn!

Doch was soll die Trauer
Denn es gibt ja dich
Und du bist die eine
Die es ist für mich!

Die Liebe

Die Liebe ist ein Spiel,
Das man nie versteht.
O ja, sie kommt,
Und sie geht.
Du kannst sie nicht halten
Und Du kannst sie nicht fassen.
Und wird sie erkalten
Und mußt Du sie hassen.
Und kommt sie auf´s Neue
Und bricht in dich ein.
Du hältst ihr die Treue
Kannst ohne sie nicht sein.

Sie ist ein Spiel – ein Spiel?
Tödlich, grausam und:
Sie kostet so viel.
Du kennst den Grund.
Was sie dir nimmt
Was sie dir gibt.
Alles – es stimmt:
Glücklich, der geliebt.

Die Liebe, die ist rot

Man sieht mich
Doch: das bin nicht ich!
Ich war einmal
Hab´ mich verloren – bin nicht mehr da!
Ich lebe und bin tot
Die Liebe, die ist rot.

Die Maus

Es saß ein kleiner Mann
In einem kleinen Haus
Er macht´ ein Lichtlein an,
Da sah er eine Maus.

Er sprang auf seinen Tisch
Ergriff ein großes Brett:
„Wart´, wenn ich Dich erwisch´
Dann wirst Du zum Kotelett!"

Die Maus floh unter einen Schrank,
Der Mann ihr hinterher
Er legt sich auf den Boden,
Doch sah er sie nicht mehr.

Auf dem Tisch brannte das Licht
Es brannte langsam runter
Doch der Mann, er sah es nicht
Kroch untern Schrank ganz munter.

Der Tisch fing langsam Feuer
Der Mann suchte die Maus
Schließlich brannte das Gemäuer
Und die Geschicht´ ist aus!

Epilogue:

Willst Du fangen eine Maus
Zünd´ niemals eine Kerze an!
Jag´ sie lieber aus dem Haus
Und erschlag´ sie dann!

Die Nacht beginnt

Der Regen rinnt
Die Nacht beginnt

Am Himmel leuchten Sterne
Der Mond in weiter Ferne

Der Wind heult um das Haus
Draußen sieht es greulich aus

Der Winter kommt ins Land
Hat die Wärme nun verbannt

Kahl und leer die Bäume
Reifbedeckt die Zäune

Du liegst im Bett ganz zugedeckt
Willst schlafen, bis man Dich weckt

Doch der Schlaf, er ist nicht hier
Du wälzt Dich, er kommt nicht zu Dir

Der Schweiß fließt an Dir herunter
Du liegst im Bett, ganz munter

Du grübelst über Dinge nach
Kein Schlaf – es hält Dich wach

Warum ist sie nicht da?
Warum so weit und Dir nicht nah?

Die Fragen quälen, die Sehnsucht frißt
Warum? – Weil sie erst sechzehn ist!

Wird der Traum je Wirklichkeit?
Bitte, gib uns soviel Zeit!

Die Ruhe fehlt

Die Ruhe fehlt,
Die Sehnsucht quält.
Sie frißt an Dir und frißt.
Du ihr Gefangener bist.

Du kannst nicht hin und nicht zurück –
Komm, und zerdrück´
Zerdrück´ und zertret´ und zerschlage
Tu´s – keine Klage.
So oft passiert
Schwer nur repariert.
Einmal ist´s zu viel,
Man nicht mehr will.
Man ergibt sich in der Not
Und – ist tot.

Dieses Haus

Will hier raus
Aus diesem Haus!

Will hier weg
Von diesem Fleck!

Fühl´ mich wohl
Was soll der Kohl?

Bin zu Haus´
Nun ist es aus!

Die stolze Rose

Eine Rose sah ich blühn
Umrankt von Efeu grün.
Ich dacht: So wie die Rose möchte ich sein
Stolz, schön und mächtig

Nicht wie der Efeu klein
Am Boden wachsend – schmächtig!
Ich kam zurück nach ein´ger Zeit
Doch sah die Rose nicht zu meinem Leid!
Ich hockt mich nieder
Und fand sie schließlich wieder:
Nichts von ihrer Schönheit war geblieben,
Unter Efeu war sie erstickt!
Seltsame Bande kann das Leben schmieden;
Oft man vorbei dran blickt!

Die Wiese

An die Sonne denken
Dir dann Freude schenken
In den Himmel blicken
Mich an dir entzücken

Auf der Wiese gehen
Dich da stehen sehen
Durch das Gras dann hüpfen
Und schnell zu dir schlüpfen

Und das Bienensummen
Dann dein sanftes Brummen
Fernes Hundekläffen
Wenn sich Zungen treffen

Und die Wolken droben
Sehen uns hier toben
Kleine Käfer denken:
Warum so verrenken!

Eine weiße Taube
Unsre Liebeslaube
Und sie fliegt von dannen
Um uns hohe Tannen

Sonne sinkt, Abendrot
Der Tag ist fast schon tot
Wieder wird er leben
Wenn ihm Licht gegeben

Nun die tausend Sterne
Funkeln in der Ferne
Du bist all das für mich
Anja, ich liebe dich!

Die Zeit vergeht

Die Zeit vergeht, die Zeit verrinnt
Wieder eine Stunde, wieder ein Tag
Du hast Dich gemüht, Du hast Dich geplagt
Und es bleibt keine Zeit, daß man sich besinnt

Das Leben vergeht, das Leben verrinnt
Du hast gelernt, Du hast gestrebt
Hast geglaubt, daß man so am Besten lebt
Und es bleibt keine Zeit, daß man sich besinnt

Die Liebe vergeht, die Liebe verrinnt
Du warst voll der Gefühle für die Ewigkeit
Und doch war alles nur auf kurze Zeit
Und es bleibt keine Zeit, daß man sich besinnt

Die Uhr tickt ihr Ticken immerfort
Sie läuft und läuft und trägt die Zeit hinfort
Du kannst die Zeiger nicht drehen zurück
Doch was ist es, was fehlt Dir zum Glück?

Vergangen ist vergangen – fort ist fort
Die Gegenwart und die Zukunft sind Dein
Nütze sie an jedem Ort
Nütze sie zum Glücklichsein

Doch Du, Du siehst mich nicht

Schreib´ ich auch ein Gedicht
Und wirst Du es auch sehen
Du begreifst es nicht,
Du wirst mich nie verstehen!

Auch wenn ich alles versuche
Auf Dich einzugehen
Und mich dabei verfluche,
Du wirst mich nie verstehen!

Bring ich auch allen Mut
Du wirst mich nie verstehen:
So weh es mir auch tut –
Es war nur ein Versehen!

Ein Vogel, der will fliegen!
Du sagst, ich kränke Dich,
Will ich Dein Ich besiegen
Doch Du, siehst Du denn mich?

Du schaust an mir vorbei –
Durch mich hindurch; ja,
Es ist Dir einerlei
Was war, ist nicht mehr da

Warum quälst Du mich!
Sieh´ es doch endlich ein:
Daß ich nicht hasse Dich –
Es hat nicht sollen sein!

Du

Du hilfst mir glücklich sein
Gibst dem Leben einen Sinn
Machst, daß ich lache
Auch, wenn ich traurig bin

Bei Dir fühl´ ich mich wohl
Bei Dir bin ich geborgen
Wenn Du meine Hand dann nimmst
Verfliegen alle Sorgen

Das Gestern ist vergessen
Und das Morgen verschwimmt
Denn es ist Deine Nähe
Die mir die Angst jetzt nimmt

Und es sind Deine Küsse
Und Dein Atem warm und schwer
Wenn es nur uns beide gibt
Was verlang´ ich mehr

Deinen Körper zu fühlen
In Deine Augen sehn
Und Deine Haut zu berühren
Die Unendlichkeit verstehn

Du mittendrin

Die Zeit vergeht
Die Wolken ziehn
Der Wind sie weht
Über Berge hin

Hast geschlafen
Dir steht der Sinn
Nach Cuxhaven
Und nach Berlin

Du liegst im Wind
Die Sonne scheint
Du bist ein Kind
Das Herz, es weint

So grün die Welt
So voller Licht
Der Blick verstellt
Du siehst es nicht

Früchte reifen
Bienen summen
Gold´ne Streifen
Sanftes Brummen

Du mittendrin
Ein Vogel schreit
Wo fliegt er hin?
So weit, so weit

Ein Augenblick

Ich sah Dich an,
Du schautest her
Es war ein Augenblick,
Nicht mehr

Eine andre Welt

Schau ich in die Augen dir
Liegt eine andre Welt vor mir!

Eine kleine Maus

Eine kleine Maus
Die kam aus ihrem Haus
Sie schaute groß mich an
Und sagte dann:
„Bin eine kleine Maus
Und komm aus meinem Haus
Ich schaue groß Dich an
Und sage dann…"

Eine Rose hab´ ich Dir geschenkt

Eine Rose hab´ ich Dir geschenkt
Dir einen Brief geschrieben
Mein Herz daran gehängt
Ein Stück Wolle ist mir geblieben

Einer von zweien

Du warst so viel
Du warst doch mehr, als ich geglaubt
Ich war ganz anders,
War so frei –
Hast Du es mir geraubt?

Was war ich froh
Was habe ich gelacht
Deine Stimme schweigt
Du wirst nie wieder reden
Hast Du etwas falsch gemacht?

Ohne Scheu und Angst
Sprach über alles mit Dir
Wir gingen durch die Wälder
Und durch die Wiesen
Und irgendwie fehlst Du mir

Und was konnten wir reden
Was hab´ ich gelernt
Es war ein Schlag
Ein Hieb in meine Seite
Als man Dich entfernt!

Die Zeit verfliegt –
Man kann nicht zurück
Ich ließ Dich stehen
Für ein kurzes Vergnügen –
Vergangnes Glück!

Du hast mich verlassen
So früh – ich so klein
Wie ich geweint hab´
Wie ich-
Du ließt mich allein!

Was ist nur passiert
Was denn was?
Warum bin ich heute so?
Warum, warum, warum?
Bitte, sag´ mir das!

Eine schlaflose Nacht

Ich hab´ einmal ein Mädchen geliebt
Mehr als alles andre auf der Welt
Hab´ alles für sie getan
Hab´ mir nichts Schön´res vorgestellt.

Sie war mir nicht immer treu
Doch, kann man das ein ganzes Leben?
Sie kam jedes Mal zurück
Es war vergessen und vergeben.

Sie versprach mir ewige Liebe
Für immer sei sie nur mein

Nie wollte sie mich verlassen
Für alle Zeiten sollten wir zusammen sein.

Doch nun ist sie fort
Wollt´ nichts mehr davon wissen
Was sie mir einst versprach
Ich hätt´ es wissen müssen!

Ich fühl´ mich einsam und leer
Bin enttäuscht und verwirrt
Was soll ich nur tun?
Daß man sich so irrt!

Doch nun ist es vorbei
Ich hab´ es überwunden
Mein Herz ist wieder frei
Vergessen sind die bösen Stunden!

Nun hab´ ich Angst davor
Was, wenn ich ein andres Mädchen seh´
Für es sehr viel empfinde
Ob ich dann wirklich zu ihr geh´?

Ich fürchte mich, ihr mein Herz zu schenken
Was, wenn sie mich dereinst verläßt?
Ich könnt´ es nicht nochmal ertragen
Und dennoch lieb´ ich sie – ganz fest!

Wie das Tosen des Meers
Wie ein Himmel voll Geigen
Wie das Brausen des Sturms
Wie ein Wald voll Schweigen

Liebe kann geben
Liebe kann nehmen
Liebst Du mit Deinem ganzen Herzen
Erträgst Du die größten Schmerzen!

Einfach So

Jede Minute, die Du mir gibst
Die Du mir zeigst, daß Du mich liebst
Bedeutet mehr als alles andre auf der Welt
Du kannst es nicht kaufen, nicht für alles Geld

In Deine Augen sehen –
Ineinander übergehen
Was ist Unendlichkeit –
Ein Blick, es ist soweit

Und wenn Du mich küßt
Es gibt nicht viel, was schöner ist
Und wenn ich Deine Nähe spüre
Als ob neues Leben in mich führe

Warum gerade Du?
Ich weiß es nicht
Ich mach´ die Augen zu –
Du gibst mir Licht

Und bist Du fort von mir
Sehn ich mich so sehr nach Dir
Wie eine Pflanze, die kein Wasser hat –
Langsam verliert sie Blatt für Blatt

Ein Fischer

Ein Fischer in dem Boote saß
Ein Fisch an seinem Köder fraß

Ein Zucken durch die Angel ging
Ein dicker Fisch am Haken hing

Ein Fischer zog die Angel ein
Und fiel dabei ins Wasser rein

Ein grausam Spiel

Er liegt tot in seinem Bett
Neben ihm bald nur noch ihr Skelett
Sie sind schon eine Weile tot
Das Bett, das Laken – alles rot.
Die Liebe ist ein grausam Spiel –
Sie fordert manchmal ziemlich viel.

Ein kleines Problem

Jeden Tag ein Gedicht
Jeden Tag ein neues
Ich will´s und kann´s doch nicht

Was soll ich schreiben!
Ich liebe Dich?
Will bei Dir bleiben?

Du weißt, daß ich es will!
Ich seh Dich an –
Und bin still.

Ein kleines Stück

Bitte, gib´ auch mir ein Stück –
Nur ein ganz kleines,
vom großen Glück!

Ein Kuß

Etwas ist passiert
Also, denn nun
Und, immer mal wieder
Die Frage: Was tun?

Nach dem Gefühl
Soll man nicht gehen?
Es scheint so, traun fürwahr
Wie sonst es sehen?

Sie stand vor dir
Du hast es versucht
Und, denn also, sie ging
Und Du hast geflucht

Die Moral denn
Sie muß wohl heißen:
Sei schlau, laß Dich nicht vom
Gefühle beißen!

Ein Lächeln

Ein Lächeln,
ein Kuß.
Ein Lächeln –
dann war Schluß!

Ein Spatz

Ein Spatz saß auf nem Zaune
Und knabberte an ner Pflaume
Er biß sie gerade an
Da schoß ein böser Jägersmann
Der Spatz, der fiel vom Zaune
Und mit ihm auch die Pflaume
Da liegt sie noch heute
Bis sie wird des nächsten Spatzens Beute!

`81

Auch dieses Jahr ist nun geschafft
Bin noch nicht dahingerafft

In der Uni viel zu tun
Mittags eß ich Huhn

Zuhause wird gemeckert
Bei Tisch auch mal gekleckert

Manchmal zum Fußball hin
Auch, wenn ich dauernd pleite bin

Nachts den Schlaf vermissen
Zu Weihnachten ein neues Kissen

Die alte Freundin geht
Wo meine Eisenbahn noch steht

Zur Theater-AG gehen
Hinterm Scheinwerfer dann stehen

Auf ne Fete widerwillig trotten
Ich mag Karotten

Eh man es begriffen hat
Ist man schon schachmatt

Nicht hin und auch nicht her
Es gibt mich allein nicht mehr

Ein unerklärlich Ding

Dichten, dichten, es geht nicht mehr
Der Kopf ist leer

Es schwirrt und dreht
Es fällt und steht

Es kreisen die Gedanken
Prallen an unsichtbare Schranken

Gefangen in Liebe –
Liebe und Triebe

So quälend der Schmerz
So glücklich das Herz

In Aufruhr alles versetzt
Glücklich – glücklich bis zuletzt

Soviel Du willst an Zeit –
Wem gehört die Ewigkeit?

Jede Stunde jeder Tag
Von Deinem Herzen jeder Schlag

Es kreist und kreist
Das Herz zerreißt

Lachen oder weinen?
Die Sonne – scheinen!

Vergessen und doch behalten
Neu – und doch beim Alten

So groß, so unerklärlich
So schön und so gefährlich

So herrlich und so mächtig
So überwältigend, so prächtig

So klein und so gering
Ein unerklärlich Ding!

Ein Weihnachtsgedicht

„Drauß vom Walde komm´ ich her
Es weihnachtet sehr"
Zum Auspacken die Geschenke sind bereit
Es ist allerhöchste Zeit
Wir wollen sie nicht warten lassen
Für ein Gedicht, es tut mir leid,
Mama kann´s nicht fassen
Bleibt daher keine Zeit!

Eiwei Eiwo Eiwie

Eiwei Eiwo Eiwie
Du dummes Vieh

Eiwei Eiwie Eiwo
Das macht man so

Eiwo Eiwie Eiwei
Von mir aus schrei

Eiwie Eiwei Eiwo
Jetzt bist Du froh

Eiwo Eiwei Eiwie
Du verstehst es nie

Eiwie Eiwo Eiwei
Jetzt ist´s vorbei

Endlich

Manches tut man erst mit achtzehn Jahren –
Wie wählen und Auto fahren
Jung darf man sich nicht lieben –
Schule, Beruf, dann ein Heim
Heiraten und Kinder kriegen
Endlich – allein.

Endlich leben

Die Nacht vergeht,
der Zeiger dreht –
Gedanken hin und her
Will nicht mehr!
An vieles denken –
Zeit verschenken!
Liebe nehmen, geben –
Will endlich leben!

Episode

Ich dachte
Ich ging
Ich lachte
Ich hing
Ich sah
Ich schaute
Ich war
Ich baute

Ich küßte
Ich besaß
Ich büßte
Ich vergaß

Erich

Er ich Du mußt Dich entscheiden
Er ich einer von uns beiden
Er ich einer bleibt stehen
Er ich einer muß gehen
Er ich wer?
Er ich er!

Erundich

Erundich kamen an einen Fluß
Erundich gingen hindurch zu Fuß

Er muß Nichtschwimmer gewesen sein
Denn am andern Ufer war ich allein

Es ist passiert

Es ist passiert,
Ich hab´s verschenkt,
Es geschieht mir recht,
Werd´ ich nun gehenkt.

Gesträubt und gewehrt dagegen –
Am Ende dann doch unterlegen.
Es reißt und frißt und quält
Die Stunden sind gezählt.

Warum mußte es sein,
Warum zusammen,
Warum nicht alleine allein?
Ich zucke noch und winde mich

Und ich bitte bitte Dich:
Den Dolch, jag´ ihn mir ins Herz
Bring mich um und nimm ihn mir,
Den Schmerz.

Es ist so

Man glaubt der Werbung
Kauft dies und das oho!
Sie hat immer recht –
Es ist so

Politiker lügen nicht
Und sind sie schon k. o.
Ihre Reden haben Hand und Fuß –
Es ist so

Man lebt so vor sich hin
Glaubt man ist froh
Wenn man arbeitet und strebt –
Es ist so

Du liebst ein Mädchen
Dein Herz ist entflammt wie Stroh
Doch es wird noch andere geben –
Es ist so

Es ist nur ein Gedicht
Ich setz´ ihn Dir ins Ohr – den Floh
Und wenn´s nicht stimmt? –
Es ist so

Es war eine schöne Zeit

Es war eine schöne Zeit
Und wenig tut mir leid

Sah Licht und Sonne
Und alles war Wonne

Hinaus in die weite Welt
Und auch mit wenig Geld

Probleme hier und Probleme da
Und nichts, was nicht lösbar war

Alles schien gut und heiter
Und man dachte, es geht so weiter

Doch dann ging etwas schief
Und die Geister, die ich rief

Sich um alles gierig schlangen
Und dann war es vergangen

Es bohrte sich ganz tief hinein
Und zerbrochen ist der schöne Schein

Am Ende trauernd und allein
Und es hilft nicht und der Wein

Die Uhr auf Anfang schnell zurück
Und dann ist es wieder da, das Glück

Der Sinn ist weg, ist fort
Und du an einem anderen Ort

So nur Erinnerung, die bleibt
Und über die man schreibt

Es war eine schöne zeit
Und wenig tut mir leid

Es war eine schöne Zeit
Du bist so weit, so weit

Fallenfruit

Eine Federtasche viel vom Himmel
Bimmel, bimmel
In ihr war ein Federhalter
Kein neuer, ein ziemlich alter

Be like a Federhalter...

Und ein Ratzefummel, dick wie ne Hummel
Brummel, brummel

Er fiel runter auf die Erde
Und in eine Schweineherde

Be like a Ratzefummel...

Farben

Dunkel, Schwarz und Grau
In den Armen einer Frau

Rosa, Gelb und Rot
Du bist und Du bist tot

Orange, Blau und Grün
Am Himmel die Wolken ziehn

Lila, Weiß und Braun
Tief in deine Seele schaun

Ferien in Frisco

Es war in den Ferien in Frisco
Da ging ich in `ne Disco

Ich traf sie beim Tanzen
Ja, so beginnen Romanzen

Dann gingen wir zum Strand
Und sie strich über meinen Sonnenbrand

Wir blickten ins Abendrot,
Mieteten ein Tretboot
Und gerieten in Seenot

Zwei Wochen lag ich im Krankenhaus
Und mit der Romanze war es aus

Filmen mit Super 8

Die Hose zerrissen
Das Hemd zerschlissen
Die Brille kaputt
Die Schuh´ grau vom Schutt
Zerkratzt die eine Hand
Die andre im Verband
Die Mutter ist entsetzt
Von Kopf bis Fuß verletzt
Ihr Kind! Das kann nicht sein!
„Mein Kind, komm´ erst mal rein
Was hast Du nur gemacht?"
Er schaut sie an und lacht:
„`nen Film, was hast Du gedacht?
`nen ganz tollen – in Super 8!"

Freudenjahr

Der Januar bringt gar viele Sorgen
Da freut man sich auf Morgen

Im Februar gibt´s Regen
Das ist nicht gerade Segen

Im März schmerzt sehr das Herz
Das stimmt und ist kein Scherz

Der April macht was er will
Ich warte ab und halte still

Im Mai da sprießen Triebe
Man denkt schon mal an Liebe

Der Juni ist vergangen
Tiefschwarz und sehr verhangen

Im Juli kommt die Sonne raus
Und löst die Depressionen aus

Im August entdeckt man voller Lust
Immer wieder neuen Frust

Schon ist der September da
Und Vieles wird dir klar

Mußt dich den Oktober plagen
Mit vielen hundert Fragen

Der November grau und trüb
Haut wie ein Hammer auf´s Gemüt

Den Dezember hört man sagen
Spar dir für Januar die Fragen

Und am Ende siehst du ein
Es kann nicht alles Sonne sein!

Frühling

In den dunklen Zeiten des Jahres
Erwartend das Licht
Schlummernd in der Tiefe der Nacht –
Erwachend nun.

Und wieder dreut die Nacht
Und wieder singen Stimmen
In der Dunkelheit –
Singen von hellen Tagen!

Und die Unruhe der Nacht
Geht über in die Hetze des Tages –
Und niemand nimmt sich mehr –
Zeit!

Und wenn der Regen auf das Land peitscht
Und die Wolken über leere Felder –
fliegen –
Der Frühling steht vor der Tür

Und wenn auch die Sonne steigt,
Die Tage länger werden
Und der Frühling lacht –
Traurigkeit.

Für...

An Andrea viel gedacht
Auch Sybille pries ich sehr

Für Melissa eins gemacht
Für Regina noch viel mehr

Jetzt ist es schwer zu denken
Ein Neues zu schenken
Alles wiederholt sich:
Ich bin verliebt in Dich!

Gedanken sind frei –
Bei mir im Moment –
Nur ein unförmiger Brei!

Für Dich

Ich war verzweifelt, am Ende – leer
Die Kraft war nicht mehr da
Ich wollte einfach nicht mehr

Ich hatte mich aufgegeben
Trieb ruhelos umher
Fand nichts Schönes am Leben

Ich lernte Dich kennen
Ein Zufall – nicht mehr
Es begann in mir zu brennen

Du hast mir etwas gegeben
Ich kann es nicht erklären
Es änderte mein ganzes Leben

Dafür danke ich Dir
Werd´ es nie vergessen
Und wenn Du willst – bleib´ bei mir

Ganz kurz

Es ist ganz kurz dieses Gedicht: Ich liebe Dich!
Es ist ganz kurz – vergiss es nicht!

Geborgenheit

Deine Wärme,
Deine Stimme,
Deine Nähe,
Dein Streicheln,
Deine Zärtlichkeit.
Wenn ich sie fühle,
Höre, spüre, was mehr?
Geborgenheit!

Gedanken

So lebt man vor sich hin
Ich bin wie ich bin
Du bist wie Du bist
Und wie egal es doch ist

Langsam wächst man heran
Kommt in die Schule dann
Irgendwann verläßt man sie wieder
Läßt sich häuslich nieder

Man arbeitet und strebt
Und glaubt – man lebt
Schließlich ist man alt
Und schon – der Tod kommt bald

Die Jahre gehen hin
Die Jahre gehen her
Und eh man sich´s versieht
Ist man nicht mehr

Gedichte

Gedichte geben
Zuweilen Leben
Doch nicht immer
Manchmal Gewimmer

Es ist erbaulich
Und auch verdaulich
Doch in der Nacht
Es Sorgen macht

So wird verdrängt
Und nicht geschenkt
Und mehr gelitten
Als auch gestritten

Gedichte geben
Nicht nur das Leben
Am Ende töten sie
Auch das Genie

Gedichtet

Ich hab´ schon lang´ nichts mehr gedichtet
Man wird älter, der Verstand sich lichtet
Leer der Kopf
Mir fällt nichts ein.
Nicht mal ein Gedicht – ganz klein.
Für Dich zu schreiben Tag und Nacht
Nichts, was ich lieber gemacht.
Doch was und wie und woher?
Ich lieb´ Dich.
Was kann ich sagen mehr?

Gelbe Blätter

Gelbe Blätter, am Baum
Spielen im Wind
Leben wie im Traum
Fühlen als Kind

Gelbe Blätter, Sonne
Strahlen vor Glück
Tage der Wonne
Was bleibt zurück?

Gelbe Blätter, Schatten
Von Wolken schwarz
Alles wir hatten
Klebrig wie Harz

Gelbe Blätter, Nässe
Der Regen fällt
Des Lebens Pässe
Nichts ewig hält

Gelbe Blätter, fallen
Langsam nieder
Rufe verhallen
Dunkel wieder

Gelbe Blätter, liegen
Am Boden dort
Hoffnungen fliegen
Unendlich fort

Gelbe Blätter, modern
Fäulnis bedeckt
Die Flammen lodern
Bis du verreckt

Gelbe Blätter, nicht mehr
Das Leben aus
Lange ist es her
Ärmliche Maus

Gelbe Blätter, verwest
Dich verschlangen
Alles aufgelöst
Ich vergangen

Gewühl

Irgendwie hab´ ich das Gefühl,
Ich muß raus aus dem Gewühl!

Alles will ich hinschmeißen,
Doch muß ich mich zusammenreißen!

Denn will ich ändern meine Situation,
Ist Erfolg die erste Station!

Doch, bis alles steht
Ist es ein weiter Weg;
Besonders, wenn man ihn alleine geht!

Glück

Der Mensch strebt nach Reichtum und Macht
Nach allem Prunkvollen steht ihm der Sinn
Doch so viel Geld er auch gerafft
Es bringt nur materiellen Gewinn

Leben im Schlosse, feiern und prassen
Das ist das Ideal, das er erstrebt
Währenddessen andere für sich arbeiten lassen
Das sein Erfolgsgefühl nur noch hebt

So ist er am Ziel dann angelangt
Umgeben von Glanz und Licht
Aber seine Seele ist ausgebrannt
Und das, was er wollte – hat er doch nicht

Grüne Tinte auf Papier

Grüne Tinte auf Papier
Grüne Tinte nur Geschmier

Blauer Pulli weiße Haut
Blauer Pulli leicht ergraut

Silberkette an der Hand
Silberkette als Verband

Weiße Platten Haselnuß
Weiße Platten viel Verdruß

Viele Worte nur Geschrei
Viele Worte und vorbei

Rote Farbe wie die Glut
Rote Farbe ist nur Blut

Guter Rat

Kannst nicht lachen
Kannst nicht lieben
Kannst nicht weinen
Was geblieben?

Nicht verstehen
Nicht verstanden
Nicht gesehen
Nicht vorhanden!

Bist zu hastig
Bist zu eilig
Bist zu vorschnell
Und langweilig!

Man sagt: sei schlau
Man sagt: sei klug
Man sagt: sei nett
Doch alles Trug!

Sei immer falsch
Sei niemals ehrlich
Und schon, schau an:
Bist unentbehrlich!

Heiligabend

O wie herrlich, o wie schön
Bald wird´s weihnachtlich zugehn

Doch o Schreck, das darf doch wohl nicht sein!
Jetzt erst fällt mir´s ein:

Das Gedicht vom letzten Jahr
Ich weiß kaum noch, wie das war!

Jetzt mach ich mich schnell ran
Und denk doch kaum noch dran
Weil ich´s einfach nicht mehr kann!

Nur noch drei Tage hab ich Zeit
Und es schneit

Die Flocken fallen leise
Ich denk, ich hab ne Meise

Es ist soweit!
Ick steh da in meinem Kleid

Kiek alle an und denk:
Jetzt biste dran – na dann!

Alle kieken se mich an
Und jeder denkt: Wann fängt se endlich an?

Doch ick steh da und kieke doof
Auf den verschneiten Hof

Und denke leise:
Die ham ja ooch ne Meise!

Herr P.

Hinten in das Auto stieg er ein,
Er war runzelig und klein.
Als ich ihn begrüßen wollte,
War das Einzige – er grollte.
Nun machte ich alles startbereit,
Währenddessen hatte er mich eingeweiht.
Natürlich hatte ich nur halb hingehört –
Sofort war er fürchterlich empört!
Er mußte alles nochmal wiederholen –
Zehn Sekunden seiner Zeit hinweg gestohlen!

Dann ging es endlich los
Zuerst lief alles gut
Doch dann staunte ich groß
Und mich verließ der Mut.
Der Kerl, der war ja so gewitzt
Und damit war das Ding ja auch geritzt:
Auf der Autobahn sah ich keine Sonne –
Sehr zu seiner Wonne!
Schließlich fuhr ich an den Bordstein ran
Er sagte mir das Ergebnis an:
Wie viele Stunden hatten Sie bisher?
Ach? Natürlich brauchen Sie noch mehr!
Das kann ja noch nicht klappen!
Sagt´s und geht mit seinen Mappen .

Heute Nacht

Heute Nacht an Dich gedacht
Heute Morgen ohne Sorgen

Heute früh mit Dir Menü
Heute Mittag sehr zerknittert

Denn davor: zu das Tor
Ich steh´ draußen, seh´s von Außen

Heute Abend Herzen schlagend
Heute spät mich zu Dir leg´

Heute Nacht an Dich gedacht...

Hoch auf dem blauen Wagen

Hoch auf dem blauen Wagen
Sitz ich beim Ferdi vorn
Vorwärts die Lehrer traben
Bis zum nächsten Korn

Weine, Biere und Frauen
Lustiges Ährengold
Er möchte so gerne noch bleiben
Aber der Georg der lallt

Und grölend ziehen sie weiter
Und Wolfgang immer voran
Von Städtchen zu Städtchen ganz heiter
So wie´s am Anfang begann

Felder, Wiesen und Auen
Lustiges Baßgebrumm
Sie wollen immer noch saufen
Denn der Wolfgang der schmollt

Hoch auf dem vollen Wagen
Sitzen sie alle vorn
Der Wolfgang, der möchte was sagen
Doch daran hindert der Korn

Weine, Biere und Frauen
Lustiges Ährengold
Er möchte so gerne noch bleiben
Aber der Georg der lallt

Und alles auf nüchternen Magen
Denn da gibt es kein Pardon
Vorwärts die Engel sie tragen
Auf zur nächsten Saison

Kotzen, spucken und brechen
Das haben sie nicht gewollt
So wird sich der Alkohol rächen
Und der Wagen, der rollt

Hoch und nieder

Hoch und nieder –
Du hörst ein Lied
Wahnsinn,
Du schreist, du glühst
Du fühlst dich frei und wohl
Du könntest die ganze Welt umarmen
Kein Hindernis ist dir zu hoch
Nichts kann dich halten
Du schaust nach vorne
Und kein Horizont ist zu weit

Ein anderes Lied
Und du denkst:
An früher, deine Kindheit
An Freunde
An vergangene Stunden,
Die du nie vergessen wirst
An Momente
Und sie kommen

Und sie dringen in dich
Du wirst traurig
Du willst nicht mehr
Du weinst
Du weißt nicht, warum das alles
Sie erdrücken
Einfach aufhören, zu sein –
Und doch nicht
Du willst dich und deine Gefühle mitteilen
Willst es allen sagen
Alle sollen verstehen –
Dich

Glück –
Für immer
Unvergessen sein –
Weiterleben durch dich
Durch das, was du geschaffen hast
Unsterblichkeit
Durch Worte, Bilder –
Ewige Jugend –
Alles nur du.
Hoch und nieder

Hoffnung

Die Wellen hoch wie ein Berg
Sie brausen und schlagen
Du selbst klein wie ein Zwerg
Mußt Dich mit ihnen plagen

Die Planke ergreifen
Nach Luft nur schnappen
Die Angst abstreifen
Die Stricke kappen

Nicht ertrinken in der Flut
Die Hoffnung nach oben halten
Laß sie brennen die Glut
Laß die Gefühle walten

Errettet aus dem Meer
Nichts als die Planke bliebe
Drum schreit´ mit der Hoffnung einher
Und gib sie – die Liebe

Ich

Ich bin nicht der, der ich gern wäre
Und bin doch nicht der, der ich bin

Ich denke oft nach über mich
Ich will mich oft vergessen

Ich versuche, mich zu verstehen
Und ich verdränge mein Ich

Ich glaube, mich zu kennen
Und weiß doch gar nichts

Ich weiß alles über mich
Und nichts in mir ist mir bekannt

Ich wäre gerne der, der ich nicht bin
Und bin doch der, der ich gerne wäre

Ich angel

Die Angel raus
Den Köder ran
Ins Wasser rein
Es zieht was dran!

Schnell hoch
Und in den Kahn
Er zappelt –
Heißen tut er: Knurrhahn!

Ich glaub´ ich weiß

Es geht und es geht nicht.
Ich schau´ Dir ins Gesicht –
Ich schaue Dir in Deine Augen
Und ich kann es doch kaum glauben.
Immer wieder frag´ ich mich:
Warum, warum gerade Dich?
Mein Herz es klopft und schreit
Nach Dir! Es ist wie befreit
Die Worte, die es spricht
Die Worte, sie lügen nicht:
Sie schwirren und sie drehen sich,
Ich glaub´, ich weiß, ich liebe Dich!

Ich kann fliegen

Ich denke dran
Ich will soviel
Ich streng mich an
Weil ich es will

Versuche, es zu schaffen
Klappt nicht immer so
All die anderen Laffen
Sind die wohl froh?

Ohne Hoffnung, müde
Weiß nicht wohin
Alles so trübe
Sehe keinen Sinn

Will nicht alleine sein
Springen über mich
Bin so schrecklich klein
Sag´, wo find´ ich Dich!

Ich taumel so dahin

Ich taumel so dahin
Und seh im Leben keinen Sinn

Weine mal und lache
Weiß nicht, was ich warum mache

Lerne hier, strebe dort
Und will doch eigentlich nur fort

Streite mich, mecker rum
Und manche meinen, ich sei dumm

Bin unausstehlich, ja
Frage mich: Wozu ist man da!

Liebe mich, das Leben
Und ich hätte viel zu geben

Ich taumel so dahin
Und wart´, bis ich am Ziele bin

Ich versteh´ es nicht

Nervös und angespannt
Und in Dich verrannt
Ich sag: Ich liebe Dich
Ich sag: Ich weiß es nich´
Ich fühl´ mich wohl bei Dir
Doch Du bist nicht hier
Und wenn Du kommst dann her
Fällt danach die Trennung schwer?
Und wenn ich manch andere seh´
Dorthin auch mit der – ich geh
Versteh´s, wer´s verstehen will und –
Vielleicht bin ich ein dummer Hund
Vielleicht muß es so sein
Hauptsache nicht allein?
Ich will zusammen sein mit Dir
Und wär´ jetzt auch ne andre hier

Ich habe Angst davor – warum?
Dich zu enttäuschen – schrecklich dumm!
Und wie ist es dann danach?
Macht mich die und die noch schwach?
Mir ist so schlecht.
Wer hat warum recht?

Ich will Dich

Ich will Dich
Will Dich mit ganzem Herzen
Will Dich mit allen Schmerzen

Den Dolch in die Brust
Und stößt Du ihn noch und noch
Ich will Dich doch

Ich will Deinen Körper
Will so nah es geht
Daß nichts zwischen uns mehr steht

Du bist alles für mich
Ohne Hoffnung ist das Leben leer
Du gabst sie – und noch mehr

Ich liebe Dich so sehr
Ohne Dich will ich nicht sein
Fühl´ mich einsam, verlassen – klein

Und ist es nur die Gier
Die Tafel gedeckt und gegessen
Nur Hunger – und Du hast mich doch besessen

Die Worte fehlen wieder
Die Zeit vergeht und verrinnt
Manchmal ist es zu spät, eh´ man sich besinnt

Sage offen, was Du denkst
Auch wenn Du Dein Herz dabei verschenkst

Ich wollte einfach nicht mehr

Ich hatte mich aufgegeben
Trieb ruhelos umher
Fand nichts Schönes am Leben

Ich lernte Dich kennen
Ein Zufall – nicht mehr
Es begann in mir zu brennen

Du hast mir etwas gegeben
Ich kann es nicht erklären
Es änderte mein ganzes Leben

Dafür danke ich Dir
Wird´ es nie vergessen
Und wenn Du willst – bleib´ bei mir

Ich möchte ein Scheich sein

Ich möchte sein ein Scheich
Denn dann, dann wär´ ich reich!

Einen Harem würd´ ich haben,
Voll mit himmelischen Gaben:

Mädchen aus dem ganzen Reich
Denn ich, ich wär´ ja der Scheich!

Lange blonde Haare hat die eine
Die andere hat wunderschöne Beine

Die Schwarze dort ist ziemlich mollig
Doch das ist gerade drollig

Die Rote ist wie Feuer
Sie reizt mich ungeheuer

Die mit dem Zopf hat eine große Brust
Bei ihrem Anblick krieg ich immer Lust

Wenn ich die dort mit dem Hintern wackeln seh´
Ich sogleich fort mit ihr geh´

Ne andere sieht aus wie `nen Modell
Bei der geht´s immer ganz schön schnell

So haben alle ihre guten Seiten
Die Schlanken – und die Breiten

Doch wenn ich´s überleg´ mir recht,
Ist doch die ganze Sache schlecht:

Denn wenn ich hab´ so viele
Und ich mit jeder spiele

Das schafft auch nicht der stärkste Mann,
Er bricht zusammen dann!

Ich träum´ von Dir

Ich träum´ von Dir
Ich seh´ Dich an
Du bist nicht hier
Was fang´ ich an?

Ich träum´ von Dir
Doch nur Dein Bild
Du bist nicht hier
Ich werd´ noch wild!

Ich träum´ von Dir
Es lacht mich an
Wann träumen wir
Mal hier zusamm´n?

Ideale

Bist du jung, so deine Devisen lauten:
Geld und Macht ist des Lebens Sinn!
So dachten die Menschen, die den Turm
zu Babel bauten;
Doch wovon war das der Beginn?

Blickst du im hohen Alter dann
auf dein Leben zurück –
Besinnend auf die Ideale deiner Jugendzeit
Siehst du Reichtum und Macht
leben nur für den Augenblick –
Es ist die Erinnerung an Freunde, die bleibt!

Immer, wenn ich an Dich denke

Mein Herz wird mir schwer,
Immer, wenn ich an Dich denke

Und doch ist es dann so leicht,
Daß ich wie ein Vogel davonfliegen könnte

Ich versuche nicht,
Dich aus mir zu vertreiben

Auch nicht,
Dich einzuschließen

Zuweilen bist Du mir so fern,
Als man nur sein kann

Und doch bist Du immer so nah,
Daß ich beinahe schon Angst habe

Die Blume brechen heißt:
Sie töten

In mir

Wie ich so da saß und dachte –
Mir trübe Gedanken machte

Es war alles so leer
Neue Kraft, ja woher?
Zerronnen, weg, vorbei
Alles ist einerlei

Jeder der nicht sucht, der findet;
Der andere sich zerschindet
Läuft man hinterher
Dann geht gar nichts mehr

War mir alles egal
Warum sich wehren?
Sie war nun mal da, die Qual.
Sich in sich kehren!

Irgendwann

Irgendwann ist es soweit
Irgendwann haben wir Zeit

Irgendwann die ganze Nacht
Irgendwann, es wäre doch gelacht!

Irgendwann schläfst Du neben mir
Bin ich im Dunkeln auch bei Dir

Vielleicht machst Du kein Auge zu
Gönnt mein Schnarchen Dir keine Ruh!

Vielleicht sprichst Du im Schlaf ganz laut
Und ich bin davon gar nicht so erbaut

Vielleicht ist das Bett zu schmal für uns zwei
Du drehst Dich, schlägst um Dich dabei

Irgendwann Dich morgens küssen
Irgendwann werd´ ich´s wissen

Irgendwann

Je höher man steigt

Die Spitze ist erklommen –
Du bist froh –
Doch schnell wird die Hoffnung Dir genommen

Du blickst in das Tal hinab –
Tiefer als das letzte –
Du klammerst Dich, sonst stürzt Du ab

Die nächste Felswand hinauf
Es muß gehen –
Neue Hoffnung keimt in Dir auf

Man denkt einen Moment es geht
Doch denke nicht –
Es ist nur ein neuer Abgrund, vor dem man steht

Jetzt

Seit Du bist gegangen
Sind drei Tage erst vergangen
Ich fühl´ mich so allein!
Warum kannst Du nicht bei mir sein?

Ich weiß nicht warum
Ich liebe Dich so sehr
Doch sei es drum
Möchte nicht Dich missen mehr

Gerad´ erst warst Du fort
An einem fremden fernen Ort
Doch kehrtest Du zurück
Ich war voller Glück!

Du warst anders als vorher –
Doch ich liebte Dich genauso sehr
Miteinander sprachen wir
Auch anderes gabst Du mir

Nicht mir allein gabst Du Dich hin –
So kam es mir auf einmal in den Sinn
Meine Ahnung die war richtig
Doch ist denn das so wichtig?

Ich will nur bei Dir sein
Alles mit Dir teilen
Ohne Dich fühl´ ich mich allein
Drum schreib´ ich diese Zeilen

Doch wieder hast Du mich verlassen
Bist an einem fernen Meer
Ich möchte Dich dafür hassen
Und doch lieb´ ich Dich so sehr

Was Du jetzt wohl gerade machst –
Ob Du weinst, ob Du lachst?
Sind Deine Gedanken bei mir –
Oder ein anderer bei Dir?

Und ich sitz´ hier allein
Würd´ gerne bei Dir sein
Denke oft an Dich
Verzehr´ vor Sehnsucht mich!

Doch Du – Du liebst nur einen
Und sonst keinen
Wer dieser Eine ist?
Als ob ich´s noch sagen müßt!

Es bleibt für mich nur eine Wahl
Und ist es die größte Qual
Besitzen will die Liebe –
Ach, wenn es bei der Freundschaft bliebe!

Kalte Julisonne

Kalte Julisonne ist verblüht
Kalte Julisonne ist verglüht
Kalte Julisonne lange her
Kalte Julisonne war nicht mehr

Kalte Julisonne ging dann fort
Kalte Julisonne ferner Ort
Kalte Julisonne außer Sicht
Kalte Julisonne weiß es nicht

Kalte Julisonne blieb im Hirn
Kalte Julisonne auf der Stirn
Kalte Julisonne komm zurück
Kalte Julisonne kleines Stück!

Kalter Blick

Kalter Blick
Kühler Ton
Ins Genick
Trifft mich schon!

Geht ins Herz
Seh Dich an
Todesschmerz
Der kommt dann!

Kein Gefühl
Und kein Wort
Nur Gewühl
Und will fort!

Du so kalt
So unfair
Ich so alt
Und so leer

Ich will Dich
Verstehen
Du mich nich´
Mal sehen!

Keine Zeit

Ich seh´ ein Mädchen, das gefällt mir so
Seh´ es hier oder irgendwo
He Kleine, bleib´ doch stehn´
Ich will Dich von vorne sehn´
Du hast nen schönen Po
Vielleicht ist´s vorne ebenso

Mädchen Mädchen groß und klein
Mädchen Mädchen dick und dünn
Mädchen Mädchen – muß so sein?

Keine Zeit für Liebe!
Keine Zeit für Zärtlichkeit!
Das ist unsre schöne Welt!
So, wie sie auch Dir gefällt?

Es war wunderschön – eine Nacht mit Dir
Doch, Du siehst mich nie wieder hier
Die da ist auch sehr schön
Komm mit und ich Dich verwöhn´
Laß Deinen Freund doch stehn´
Kannst morgen wieder zu ihm gehen´

Mädchen Mädchen groß und klein
Mädchen Mädchen dick und dünn
Mädchen Mädchen – muß so sein?

Keine Zeit für Liebe!
Keine Zeit für Zärtlichkeit!
Das ist unsre schöne Welt!
So, wie sie auch Dir gefällt?

Morgens steh´ ich auf – war ja auch ganz nett
Doch die war ja nur was für´s Bett
Für heute Abend was
Die Blonde da – wie wär´ denn das –
Wach´ doch auf – sieh´ Dich um
Und sei doch nicht so schrecklich dumm!

Mädchen Mädchen groß und klein
Mädchen Mädchen dick und dünn
Mädchen Mädchen – muß so sein?

Keine Zeit für Liebe!
Keine Zeit für Zärtlichkeit!
Das ist unsre schöne Welt!
So, wie sie auch Dir gefällt?

Hab´ doch Zeit für Liebe!
Hab´ doch Zeit für Zärtlichkeit!
Dann erst ist es unsre Welt!
So, wie sie auch uns gefällt!

Krieg´ Dich schon

Denk an vieles
Denk an mehr
Denk daran
Wie alles wär´

Denk´ an Dich
Wer Du bist
Kenn´ Dich nicht
Hab´ Dich vermißt

Brauch´ Deinen Mund
Und Wärme
Seh Dich nicht
Hätt Dich gerne

Was zu sagen?
Na, mein Sohn!
Was zu tun?
Krieg´ dich schon!

Krampf

Gedichtet hab´ ich lang´ nicht mehr
Die Lust fehlt und auch der Sinn
Glücklich sein – es war und ist nicht mehr
In meinem Kopfe – was ist da noch drin?

Ich kenne diese – jene – und so viele
Und es gibt noch mehr, die ich gern´ hätt´
Mal die, mal die und auch mal die
Doch alle immer nur für´s Bett.

Eine finden, die ich liebe
Die mich liebt und die ich glücklich mache
Für sehr lang und nicht nur mal für kurz –
Das ist eine andre Sache.

Land der Freude

Vom Himmel Sonnenglut
Und die Hände sind voll von Blut

Alles tropft und fließet
Rot sich überall ergießet

Ich bin ganz froh gegangen
Hab´ den Gedanken nachgehangen

Ich ging die Straße runter
Quietschfidel und putzemunter

Kleine Häuser schlichte
Stehen hier und dort ganz dichte

Am Ohr dann eine Stimme
Kann nicht folgen ihrem Sinne

Ich gehe einfach weiter
Und von da an: nichts mehr heiter

Ich spüre, sehe Messer
Alles fallen lassen, das ist besser

Doch mein Versuch, zu schlagen
Dafür geht´s mir an den Kragen

Hände mich ergreifen schnell
Von dem übelen Gesell

Und die scharfe Klinge
Will, daß über selbe springe

Und ich halt´ dagegen
Trifft die Hand nur, welch ein Segen

Doch das Blut nun spritzet
Aus der Wunde, aufgeritzet

Ich muß nun kräftig pressen
Und der Räuber unterdessen

Reißt und ruckt am Sacke
Hat Erfolg mit der Attacke

Ergreift das erste Stück
Ist zum Filmen, welch ein Glück!

Rennt fort mit dem Gewinn
Kurz kam Verfolgung in den Sinn

Doch ich lass es lieber sein
Vielleicht ist er ja doch zu zwein

Und ich Raffe meine Sachen
Starr die Leute an, die nun gaffen

Es hat geholfen keiner
Wär´ so einfach, doch nicht einer!

Von dannen nun geschwind
Weg von der Gefahr, mein Kind!

Sei klug und folge meinem Rate:
Bleibe fern von diesem Staate!

Langeoog

Langeoog ist die Insel der Sonne
Doch als wir waren hier zur Wonne
War sie leider nicht zu sehn
Und man konnte nur im Regen gehen

LebensAngst

Ich bin klein,
will´s immer sein.

Die Welt sich dreht
Die Zeit vergeht.

Gestern noch ein kleines Kind,
groß bist Du geschwind!

Andre, die noch gar nicht da,
als ich selbst ein Kindlein war,

Jetzt sind sie so alt,
daß sie heiraten bald.

Ach, was soll man tun dagegen?
Sich nicht zu spät zum Sterben legen!

Leer

Warum leben –
Warum streben –
Leer.
Ohne Dich nichts mehr!

Leitern

Schon damals, als er ward geboren
Da hat man ihn zu etwas auserkoren

Alle die Verwandten kamen
Und an seinem Äußern großen Anteil nahmen

Ach, niedlich ist der Kleine!
Fast genauso wie der Meine!

Er sieht so lebhaft aus
Da wird bestimmt was Großes draus!

Zunächst lief alles ganz normal
Gut, sein Verhalten war nicht immer ideal

Manchmal sprang er über alle Stränge
Und bekam dann tüchtig Senge

Doch schließlich war es doch soweit
Es begann die schöne Grundschulzeit

Das Vorzimmer zur Karriereleiter
Und danach ging es hurtig weiter

Er war der Beste seiner Klasse nie
Und doch schaffte er es immer irgendwie

Schließlich nach der 6. Klasse
Da war er plötzlich anders als die Masse:

Er erklomm die lange Leiter
Noch um ein Treppchen weiter

Getrennt von den meisten alten Kameraden
Wandelte er nun auf neuen Pfaden

Man lernte am Gymnasium
Nicht nur viel über Eurasium

Nein, Englisch, Mathe und Latein
Das mußte auch natürlich in ihn rein

Jeder war nur darauf erpicht
Daß sein Sprößling die besten Noten kriegt

Das Kind, das ist nicht wichtig
Hauptsache, der Durchschnitt, der ist richtig!

Um dieses zu erreichen
Setzt man sehr deutliche Zeichen:

Komm her, für jede Eins kriegst du noch mehr!
Als ob eine Zwei so gar nichts wär´!

Schließlich ist es dann geschafft
Natürlich nur dank Vaters Geisteskraft!

Und dann hört man dieses:
Das hast du wirklich fein gemacht –

Aber, was ist denn das dort Mieses!
Nein, das hätte ich ja nicht gedacht!

In Sport hatte ich immer eine Zwei
Und du, du hast nur eine Drei!

Innerlich rebelliert der Magen
Du möchtest etwas sagen

Doch schließlich bist du still
Weil die Erziehung es so will

So hast du die nächste Stufe also erklommen
Doch bist du dem Ende der Leiter deswegen
Nicht näher gekommen!

Liebe kommt und geht

Die Liebe gibt und nimmt
Und Du siehst, was stimmt
Die Liebe zerstört
Und wer nicht hört
Der wird geschwemmt
Für immer getrennt

Von allem was wert
Und nichts, was er begehrt
Er geht von dannen
Es stehen die Tannen!

Liegen bleiben

Suche Sonne, die nicht scheint
Sehe Himmel, der jetzt weint

Blicke Sterne, die nicht sind
Fühl mich einsam, kleines Kind

Menschenmassen, die ich haß
Leben, streben, ohne Spaß

Gelder häufen, o wie fein
An uns denken, das muß sein

Nachbarn haben, schön und gut
Wasser dicker, als dein Blut

Freunde nennen, das sind viel
Jeder macht sein eignes Spiel

Alles falsch und gelogen
Masken ab und betrogen –

Keine Sonne, über mir
Und mein Herz, es schreit nach dir

Wenn du kämest und mich siehst
Ziemlich sicher, daß du fliehst!

Muß so bleiben, ganz allein
Ohne Licht und, Sonnenschein

Muß so leben, vor mich hin
Ohne Zweck und, ohne Sinn

Mädchen aus dem Bus

Blauer Himmel, die Sonne lacht
Ein schöner Tag im Mai
Ich saß im Bus, da stieg sie ein
Sie ging an mir vorbei

Ich muß Dich wiedersehen
Komm, gib mir einen Kuß!
Was ist mit mir geschehen
Mädchen aus dem Bus!

Die Stimme kam von hinter mir
Ich blickte mich gleich um
Es war das Mädchen von vorhin
Ich schaute schrecklich dumm

Daß ich kein Mofa hätte
Das hab´ ich ihr gesagt
Sie grinst mich an, wie spät es ist
Hat sie mich dann gefragt

Ich muß Dich wiedersehen
Komm, gib mir einen Kuß!
Was ist mit mir geschehen
Mädchen aus dem Bus!

Sie blickte mich ganz fragend an
Ich sagte: kurz vor drei
Dann stand ich auf, ich mußte raus
Die Chance, sie war vorbei

Was ich mir wünschen würde
Ich fahre wieder Bus
Dann steigt sie ein, sitzt neben mir
Und gibt mir einen Kuß

Ich muß Dich wiedersehen
Komm, gib mir einen Kuß!
Was ist mit mir geschehen
Mädchen aus dem Bus!

Mail nach Beelitz

Die Nummern wechseln hin,
die Nummern wechseln her -
Ich hab´ den Überblick nicht mehr!

So send´ ich diese Mail
schnell wie ein Blitz
Mal eben hin nach Beelitz!

Doch im Land der Brandenburger
der Ort liegt ziemlich weit
Und so braucht es seine Zeit

Drum bitt ich
oh mein Malbuhlein,
Die Verspätung gnädigst zu verzeihn!

Meine Tränen

Und wenn es Regen wäre
Der sich vom Himmel weint
Und dann mit meiner Zähre
Zu einer sich vereint!

Und wenn es Sonne wäre
Die sich vom Himmel lacht
Und dann mit meiner Zähre
Auf deinem Lid erwacht!

Und wenn der Mond es wäre
Der sich vom Himmel scheint
Und dann mit meiner Zähre
Für dich ein Ständchen reimt!

Und wenn der Wind es wäre
Der sich vom Himmel bläst
Und dann mit meiner Zähre
Ganz still und leis verwest!

Und wenn ein Stern es wär
Der sich vom Himmel fällt
Und dann mit meiner Zähr
Erwacht in neuer Welt!

Und wenn gar du es wärest
Unter all den Schwänen
Und mein Gewissen zährest
Wo sind meine Tränen!

Mein Phänotyp

Ein Schlappschwanz, eine Mimose, ein Weichling
Das einzig Männliche an mir ist mein Ding

Ich hab´ kein Auto und spiel´ nicht Geige
Bin wie ein Mädchen und manchmal feige

Ich schleime, sage meine Meinung nicht
Weine, wenn ein Fingernagel bricht

Hab´ kein Benehmen, die Erziehung fehlt
Bin geizig, einer der sein Geld nur zählt

Bin ein Schwächling, ein Pimpelhase
Hab´ noch nicht mal eine krumme Nase!

Mir wird übel

Ich sitze da
Ich denke, ich grübel.
Ist das alles wahr?
O Gott, mir wird übel!

Nebelschwaden

Nebelschwaden ziehen
Über einen See
Und im Wellenspiel
Glitzern sie wie Schnee

Nebelschwaden ziehen
Übers weite Land
Künden von der Liebe
Die dereinst verschwand

Nebelschwaden ziehen
Durch den alten Ort
Gehen in jeden Winkel
Und dann wieder fort

Nebelschwaden ziehen
In den tiefen Wald
Sehen dort so manche
Traum- und Feengestalt

Nebelschwaden ziehen
Wieder übern See
Und was sie gesehen
Tut im Herzen weh

Nicht aus Steinen

Blätter fallen im Wind
Irgendwo schreit ein Kind
Wie viele Menschen sind blind?
Für ein schreiendes Kind!

Wolken ziehn im Nebel
Ein Mann sitzt am Hebel
Früher war es der Säbel
Jetzt macht es der Hebel

Krieg und Mord überall
Deine Liebe der Wall
Auch Krieg und Mord überall
Zerbrechen an dem Wall

Nicht hin - Nicht her

Ich kann nicht schlafen, kann nicht ruhn
Und hab´ doch so viel zu tun.

Was mich nicht schlafen läßt,
Manchmal haß ich´s wie die Pest.

Doch dann im nächsten Augenblick
Ich vor lauter Glück Dich ganz zerdrück´.

Nicht hin nicht her - Nicht vor nicht quer
Will ich oder will ich nun nicht mehr?

Nichts kapiert

Nun ist es wohl wieder passiert
In den letzten acht Jahren
Hab´ ich auch nichts kapiert!

Mal schnell so zum Zeitvertreib –
Irgendetwas mit einem Kleid.

Und wie ist es gekommen?
Wie es kommen mußte!
Sie hat es genommen.
Ich sitze hier und fruste!

Nikolaus

Der Schnupfen fließt aus deiner Nase
Er ist nicht da, der Osterhase

Es kommt der gute Nikolaus
Und der holt seine Rute raus

So sitzt du da und wartest brav
Du findest einfach keinen Schlaf

Die Nase läuft und läuft und läuft
Der Nikolaus der säuft und säuft

Am Boden liegt er dann am Morgen
Er ist befreit von allen Sorgen

Er schnarcht und röchelt vor sich hin
Das, was da blutet, ist sein Kinn

Die Kinder warten auf der Welt
Sie haben viel bei ihm bestellt

Bitterlich hört man sie alle weinen
Die armen, armen Kleinen

Den Nikolaus, den stört das nicht
Er blinzelt trunken in das Licht

Er denkt noch an die letzte Nacht
Die er so wundervoll verbracht

Nachdem die Rut´ er hatt´ gezogen
Warst du ihm wohl gewogen

Denn nun weißt du es ganz genau:
Der Nikolaus ist eine Frau!

Noch einmal

Alles was ich fühle, denke
Hab´ ich schon geschrieben
Daß mein Herz Dir ich schenke
Was ist mir geblieben?

Hoffnung nichts als diese
Hoffnung für mich
Hoffnung worauf?
Hoffnung ich liebe Dich!

Will Dich nicht ketten
Frei sollst Du sein
Nicht an Dir kletten
Ich bin Dein

Ich war schon mal soweit
Vor gar nicht allzu langer Zeit
Ich dachte dann, es geht nicht mehr
Da kamst Du daher!

Doch was, wenn Du gehst?
Ob Du mich verstehst?
Ich hab´ Angst wie ein Pimpelhase –
Vielleicht fall´ ich schrecklich auf die Nase

Die Kraft, dann weiter zu gehen
Noch einmal aufzustehen
Ich glaub´, die hab´ ich nicht
Pust es aus, das Licht

Nonsens

Es brennt, es brennt
Alles rennt
Das Kindchen flennt
Die Oma pennt
Dann fand´ man sie mit ner Flasche
Und sie war nur noch Asche

Ertrinkst du in der Pfütze
Bist du zu nichts mehr nütze
Ertrinkst du im Bad
Gibt´s im Abfluß Salat
So löscht ich denn das Licht
Und sah den Stuhl im Dunkeln nicht!

Nur ein paar Stunden

Es waren nur
Ein paar Stunden
Und doch war es
Eine Ewigkeit

Ich hab dich gesehn
Verlangen gespürt
Und es ist geschehn
Ich hab dich berührt

Deine Haut so weich
Und deine Augen
An Feuer so reich
Mich voll nur saugen!

Und es tat dir leid
Denn es war nichts da
Vielleicht kommt die Zeit
Und es wird dann wahr!

Nur so...

Ich schrieb´ ein Gedicht
Hab´ mir nichts dabei gedacht

Ich schrieb es so dahin
Weil es mir Freude gemacht

Oh Malbuh mein (1)

Oh anderes Buhchen daheim,
ich hoffe, nicht allein.
So schnell nun kommt der Schein,
dann kannst du auf der Straße sein.
Die Daumen drück´ ich dir,
daß du bekommst dieses Papier.
Wir werden Ostern feiern
Im Garten mit Familie und mit Eiern.
Der Besuch bei euch bleibt schwer,
Uns fehlt dann doch das Auto sehr.
Doch der Tag wird kommen,
daß wir zusammen sonnen.
Und auch dem Glase frönen,
mit Inhalt einem schönen!
Jetzt Schluß mit dem Geleier,
Es warten viele Eier!

Oh Malbuh mein (2)

Oh Buhchen mein!
Der Dank geht nach daheim
für die Akkus wunderbar
in großer Zweierschar!

Sie liegen nun und warten
um mit Fotos durchzustarten
wie hoch ist die Gebühr
die zu entrichten ist dafür?

O die Höhe sage mir
dann kommt das Geld zu dir
Wir wünschen frohe Tage
mit Licht und ohne Trage

Wo immer ihr auch weihnachtet
und den Schnee betrachtet
denken wir an das Malbuhpaar
das nun entfleuchet war!

Oh Malbuh mein (3)

Oh Malbuh mein!
Wo ist der Sonnenschein?
Doch auch im Regen
kann man sich beim Griechen pflegen.
Sollte die Sonne kommen
genießen wir die Gartenwonnen.

Dort könnt ihr uns erreichen
bevor wir zum Griechen schleichen.
Doch teilt uns vorher mit die Zeit,
denn der Weg ist ziemlich weit...

Ohne Dich

Ich bin verrückt, ein Idiot
Und jetzt tot – tot?
Ich dachte, daß ich es wäre,
doch merk´ ich, daß ich noch mehr begehre:
Warum sterben und nicht leben?
Es hat doch so viel zu geben!
Vielleicht ist auch was dabei für mich
Wirst sehen, es geht auch ohne Dich!
Das hab´ ich schließlich kapiert
Und mich wieder repariert!
Nun erst wieder lebe ich,
vielleicht verlieb´ ich mich,
vielleicht werd´ ich glücklich sein –
vielleicht auch ganz allein
doch alles – ohne Dich!

Osterhase

Es sitzt der Hase in dem Stroh
und wartet da nur einfach so
Dann kommt das Osterfest
und gibt ihm seinen Rest

Er schmort im Ofen nun
und läßt die Glieder ruhn
gleich neben einem Lamm
steht er auf dem Tische dann

Alle freuen sich und speisen
der Hase kann nun nicht mehr reisen
es geht ihm an den Kragen
schwupps ist er schon im Magen

Was lernst du von dem Hasen?
Bleib da wo Kühe grasen
zwar ist es in der Küche warm
doch bist du schnell im Darm!

O Tannenbaum, o Tannenbaum

O Tannenbaum, o Tannenbaum
Du stehst so kahl in unserm Raum
Du nadelst nicht zur Weihnachtszeit
Hast verloren schon dein ganzes Kleid

O Tannenbaum, o Tannenbaum
Wie bist du grauslich anzuschaun
Die Kleinen schreien laut, wenn sie dich sehen
Und wollen nicht von Mamis Seite gehen

O Tannenbaum, o Tannenbaum
Warum hat man dich abgehaun?
Du würdest jetzt im Walde stehen
Und wärest sehr schön anzusehen

O Tannenbaum, o Tannenbaum
Mit dir hielt Einzug hier das Grauen
Der Opa, der fiel sofort ins Koma
Und den Herzinfarkt bekam die Oma

O Tannenbaum, o Tannenbaum
Vorbei ist nun Dein Traum
Ein helles Feuer wird entfacht
Und so der Gar dir ausgemacht

O Tannenbaum, o Tannenbaum
Du stehst nicht mehr in unserm Raum
Das Feuer, das ist nun aus
Und abgebrannt ist auch das ganze Haus!

O Tannenbaum, o Tannenbaum

Oh wenn sie blieben

Oh wenn sie blieben, die Träume
Nicht wären nur Schäume.

Dann könnte man glücklich sein,
Dann könnte man lieben.

Sich von allem befrein.
Oh wenn sie blieben!

Pazifist

„Ich bin für den Frieden"
sagte der eine Mann –

Und erschoß den anderen,
der dagegen war.

Positiv - Negativ

Positiv, negativ
to catch a thief!

Alkohol, grüner Kohl
auf Dein Wohl!

Andersrum, rundherum
alles dumm!

Bodenlos, Waldesmoos
und Dein Schoß!

Leuchtend hell, lichter grell
so vorschnell!

Vorgestellt, angebellt
aus der Welt!

Quälende Gedanken

In einer kalten Februarnacht
Hab´ ich an sie gedacht
Ärger, Sorgen, Kummer
Statt sanftem Geschlummer
Quälende Gedanken
Gesellschaftliche Schranken

Verworren und durcheinander
Getrennt, statt miteinander
Gestoßen hin, gestoßen her
Vielleicht will ich´s bald nicht mehr
Die Kraft läßt nach und erlahmt
Und wie klein der Weg erst, den man gebahnt!
Ist man am Ende beim Sieg noch dabei
Oder für wen macht man ihn frei?
Ich wollte es nie mehr so
Hab´s beschlossen und war froh
Doch dann im Handumdrehn
War es schon wieder geschehn
Immer wieder von Neuem beim Alten
Es sind unerklärliche Kräfte, die walten.

Quappen

Willst du Kaulquappen
Brauchst du einen Lappen

Hast du einen Lappen fein
Gehn auch viele Quappen rein

Werden sie dann groß
Wirst du sie nicht mehr los

Werden die Frösche älter
Wird die Atmosphäre kälter

Der letztmögliche Schluß
Ein Storch sofort her muß

Der Storch sich fleißig labt
Das arme Fröschchen quakt

Und sind sie aufgefressen dann
Fängt von vorn das Ganze wieder an

Robin und Marianne

Es lebt vor langer Zeit
In England eine schöne Maid
Sie liebte einen Mann
Der Kerl, der zog sie magisch an

Der Mann hieß Robin Hood
Und haust bei Sher im tiefen Wood
Dort hielt er sich versteckt
Und wurd vom Sheriff nicht entdeckt

Geld gab er den Armen
Nahm´s den Reichen ohn Erbarmen
So wurde er gejagt
Und Ehr und Titel ihm versagt

Die Maid, sie schwärmt von ihm
Doch ihrem Stand war´s nicht geziehm
Solang er kämpfend ritt
Wollt sie nicht gehen mit ihm mit

So ging er denn allein
Ein Frauenherz kann tödlich sein
Er ging den weiten Weg
Von Meer zu Meer, von Steg zu Steg

Nach vielen Jahren dann
Kam er zu Hause wieder an
Der Sheriff war noch da
Und freute sich, als er ihn sah

Die alte Feindschaft brach
Erneut hervor in aller Schmach
Es ging um Gold und mehr
Er war allein gegen ein Heer

Die alten Freunde fand
Verstreut er, suchend in dem Land
Sie war´n entflammt erneut
Worüber er sich sehr gefreut

Durch Eifer noch so groß
Wird man sein Alter doch nicht los
So kam was kommen mußt
Der Kreuzzug endete im Frust!

Geschlagen und gehetzt
Floh er ins Kloster dann zuletzt
Und in dem großen Schmerz
Fand er dort Balsam für sein Herz

Dort sah er Marianne
Und für ihn gab es nun kein Wenn
Was damals er versäumt
Wovon sein Leben er geträumt

Er nahm sie bei der Hand
Und als sie seine Lippen fand
Versank die Welt um sie
Versank um Robin und Marie!

Rundung der Lust

Die Sonne scheint
Und fällt auf deinen Bauch
Mein Blick, der schaut
Und tut das Gleiche auch!

Dort treffen sie
An zarter Stelle nun
Und wissen nicht
So ganz was tun

Die Sonne sagt:
Wärme sie - zum Strahle
Zum Blicke ich:
Berühre sie - am Male

So rund, so weich
Die Blicke fressen sich
Ganz tief hinein
Was kann noch retten mich?

Sie atmet tief
Die Wölbung spannt sich an
Da liegt sie jetzt
Du willst nur noch da ran!

Die Hand sich streckt
Greift fest und tief hinein
Das Glied sich reckt
Du willst jetzt Same sein

Sag mir wo

Was ist bloß
Was ist mit mir los?
Soll ich lachen
Soll ich weinen
Soll ich dichten
Soll ich reimen
Soll ich gehen
Im Regen stehen
Soll ich wüten
Dumpfe Gedanken brüten
Soll ich hin soll ich her
Soll ich hoch soll ich quer
Soll ich wollen oder nicht mehr
Soll ich bleiben
Soll ich leiden
Soll ich noch suchen
Soll ich es verfluchen
Oder doch versuchen
Soll ich es machen so – oder so?
Wo ist die Lösung – sag mir wo!

Sag, warum?

Quälend, nagend, zerschlagend.
Drängend, störend und plagend.

Ich brauche Dich
Ich töte mich

Ich liebe Dich
Ich quäle mich

Ich brauche Dich
Ich töte Dich
Ich liebe Dich
Ich quäle Dich

Plötzlich macht es bumm –
Und der ganze Scheiß fällt einfach um.

O Gott, bitte sag, warum!

Schon vergeben

Leben, geben,
streben –
was Du noch hattest eben –
schon vergeben!

Schon vorbei

Zu Ende, noch eh´ es begonnen
Zu Ende, unter den Fingern zerronnen

Ohne Anfang, ohne Beginn
Ohne Liebe, ohne Sinn

Sei still und schweige

Es ist egal, was ich auch tu´
Es läßt und läßt mir keine Ruh´
Zu alt, zu jung, vergeben
Falsch reagiert – daneben
Aus und vorbei
Einerlei
Warum soviel denken?
Nicht einfach schenken?
Du bist blöd und feige
Sei still und schweige.

Sei es drum

Ich liebe Dich – ich kann´s nicht sagen
Kann nicht schlafen, kann´s nicht ertragen

Es frißt und frißt an meiner Seele
Und schnürt mir langsam zu die Kehle

Es macht mich krank, es bringt mich um
Ich kann´s nicht ändern – sei es drum

Wenn Du von mir gehst – ich weiß nicht wann
Mein Leben, es ist nichts wert mehr dann

Sicherheit

Das ist es, was mir gefällt
Das ist es, was zählt

Zeige mir, daß Du mich liebst
Zeig´ es mir jeden Augenblick
Wenn Du alles mir gibst
Du bekommst es tausendfach zurück

Sie

Vielleicht ein Jahr ist´s her
Auf keinen Fall viel mehr
Daß ich sie zuerst gesehn
Jetzt würd´ ich gerne mit ihr gehn!

Ich weiß nicht ihren Namen
Kenn´ nicht ihrer Stimme Klang
In der Schule kreuzten unsre Bahnen
Ihre Haare, die sind blond und mittellang

Sie wohnt in meiner Nähe
Das ist fast alles, was ich weiß
Und wenn ich zur Haltestelle gehe
Blick´ ich um mich im Kreis:

Vielleicht kommt auch sie gerade
Doch meistens ist sie nicht zu sehn – schade
Sie ist vielleicht sechzehn
Ihr Gesicht ist niedlich anzusehn

Ihre Figur ist ideal –
Nicht zu dick und nicht zu schmal
Die Farbe ihrer Augen ist mir noch unbekannt
Doch sie selbst hat sich mir ins Herz gebrannt

Bisher hatte ich wenig Glück
Immer, wenn wir uns trafen
Kam ich nicht allein zurück
So kann das Schicksal strafen!

In Gedanken sprech ich sie häufig an
Doch hat das alles einen Sinn?
Denn am Tag da scheitert´s dann
Weil ich zu schüchtern bin

Jedenfalls soll sie wissen
Daß ich bin verliebt
Ich möchte sie nicht missen
Daß es sowas gibt!

Ich möchte´ sie in die Arme nehmen
Ihre Lippen zärtlich küssen
Oh, wenn wir zueinander kämen –
Ich würd´ sie lieben müssen!

Sie ist nicht mehr

In der Sonne sitzen,
auf dem Grase liegen
Durch die Gegend flitzen,
auf die Nase fliegen

Am Wege stehen,
ein Mädchen sehen
Sich zu ihr drehen,
Haare im Winde wehen

Du hast sie im Arm,
spürst ihre Lippen
Sie ist so warm,
Stoß in die Rippen

Du liebst so sehr,
sie gibt dir eine Menge
Du gibst noch mehr,
sie treibt dich in die Enge

Deine Freiheit dahin,
sie wog sehr schwer
Du suchst den Sinn,
sie ist nicht mehr

Sie stand so einfach da

Ich kam zum Spiel ins Stadion
Und nun, sie stand so einfach da
Wir stellten uns daneben hin
Zuerst nahm ich sie gar nicht wahr

Ich fühlte nichts
Schaute auf das Spiel
Auch mal nach rechts
Ob sie mir wohl gefiel

Manchmal drehte sie sich um
Ich konnte nicht viel sehen
Es wurde kalt und nässer
Die Zeit wollte nicht vergehen

Der Blick wanderte öfter nun
Der Regen fiel und fiel, stumm
Einen Schirm für ihn und mich
Sie band ihr Tuch sich um

Ich murmelte so vor mich hin
Sie sagte etwas so zu mir
Das Spiel lief weiter
Was ging vor in ihr?

Mein Freund floh vor dem Regen
Ich hatte mich entschieden
So standen wir
War bei ihr geblieben

In der Pause sie gefragt
Naß bis auf die Haut
Ob sie mitkommt unters Dach
Ja – und ich hab´ mich getraut!

So saßen wir still
Die Zeit floß dahin
Was soll ich sagen?
Ich bin wie ich bin

Schlußpfiff, Spiel zu Ende
Alles strömt hinaus
Verlor sie aus den Augen
Vor dem Anfang – aus

Zu lang gesessen
Zu lang geschwiegen

Zu lang gewartet
Kann mich noch nicht besiegen

Noch nicht ganz klar
So nach dem Spiel
Was eigentlich
Was war mein Ziel?

Dann – zu spät
Tat es mir leid
Hätt´ ste mal
Nu – vorbei die Zeit

Ne Woche später hin
Ganz allein – der Drang
Geschaut und gesucht
Wie ein Zwang

Sie war nicht da
Keine Chance nochmal
Du hast´s verpaßt
Du trägst die Qual

Dann plötzlich, steht sie da
Du bist total verwirrt
Kein vernünftiges Wort
Alles schwirrt und schwirrt

Die zweite Chance dahin
Wird es eine dritte geben?
Es ist bestimmt vorbei
Geht auch sie daneben!

Sinnlos

Der Tag bricht an
Jetzt heißt es: aufgewacht!
Raus aus dem Bett –
Vorbei die Nacht!

Zieh dich an
Es ist höchste Zeit
Mach´ dich auf den Weg
Er ist so weit

Tu, was man verlangt
Strebe und lerne
Fahr los wie jeden Tag
Dein Ziel in weiter Ferne

Eine Prüfung hier, eine da –
Durchgefallen und bestanden
Die nächste wartet schon
Irgendwas kommt dir abhanden

Endlich, das Examen
Auch das ist nun vorbei
Auf in den Beruf –
Ein stummer Schrei

30 Jahre lang
Tagaus und tagein
Das Gehalt steigt an
Muß wohl so sein

Endlich Ferien für immer
Der letzte Arbeitstag
Du denkst zurück
Als alles noch vor dir lag

Was war es,
Das dich trieb?
Was war es,
Das dir blieb?

So einfach?

Pfeifen, lachen, tanzen
Flirts und Romanzen

Alles nehmen
Einfach leben

Strahle sie nur an
Alles andere kommt sodann

Und eh´ du es gedacht
Ist´s wie von selbst gemacht

So leb´ ich denn

So leb´ ich denn und denk´ an Dich
So leb´ ich denn und frage mich
So leb´ ich denn und sage nicht
So leb´ ich denn und – kleiner Wicht

Träume vor mich hin
Und bin da im Traum
Im unendlichen Raum
Was ich sonst nicht bin!

Denk´ mir vieles aus:
Toll zum Verführen
Toll zum Berühren
Doch: kommt nichts bei raus!

Es ist leicht, du küßt
Nimmst sie in den Arm
Spürst sie – weich und warm
Nachts, wenn´s dunkel ist!

Am hellen Tag´ dann –
Ach, alles ist Mist
Weil´s vorbei dann ist
Und der Traum verschwamm!

So leb´ ich denn...

So manche Nacht

Ich hab´ verbracht
Mit Dir so manche Nacht
Wir lernten uns kennen
Nicht nur beim Namen nennen!

Doch nicht, wie alle dachten,
Gingen wir zum Traualtar;
Es war was anderes, das wir machten
Wie schön doch alles war!

So nah - so weit

Du bist mir so nah
Und doch bist Du so weit
Unerreichbar immer
Oder nur für kurze Zeit?

Du bist so schrecklich jung!
Ich habe Dich gesehn
Den Glanz in Deinen Augen
Und Du, kannst Du mich verstehn?

Deine schönen Haare
Zerzaust sind sie vom Wind
Sind braun wie Deine Augen
Und noch, noch bist Du ein Kind

Doch die Zeit steht nicht still
Die Tage vergehen
Auch Wochen und Jahre
Kaum, daß sie da, verwehen

Am Ende eine Frau
Und dann ist es soweit
Das Warten ist nun vorbei
Du stehst da im Hochzeitskleid

So träume ich von dir

Und träumte ich von dir
Und wäre dort

Und träumte ich von dir
An jenem Ort

Und wär´ der Traum real
Und pocht mein Herz
Und wär´ der Traum real
So wär´ es Schmerz

Und wär´ er vergangen
Nichts geblieben
Und wär´ er vergangen
Wen zu lieben?

So träume ich von dir
Und du bist hier
So träume ich von dir
Im Traum bei mir

Soweit

Was soll ich tun?
Lust auszuruhn!
Aber keine Zeit.
Du bist so weit.
Alles drängt.
Wie aufgehängt.
Es wird alles zu viel.
Komisch, ich will!
Keine Lust, was zu tun.
Dasitzen – mit Schuhn.
Zu faul – die Zeit verschenken.
Darf gar nicht daran denken.

Die Prüfung und all das.
Macht´s denn Spaß?
Mir fehlt etwas sehr.
Ich krieg´s nimmer mehr.
Sie so nah –
Für einen anderen da.
Du in der Ferne enteilt.
Du, oder Du, oder Du?
Doch wozu – wozu?
Gib mir ein bißchen Ruh´!

So will man

Man will singen und will lachen
Und so vieles machen:
Nicht an morgen denken müssen,
Reisen, spielen, küssen
Für Dich das sein, was Du für mich,
Nicht leben ohne Dich.
So will man die Zeit verbringen,
Zu zwein und nicht allein
Und so will man sich denn zwingen,
Nicht verlassen zu sein.

S-S-S

S-S-S
Die Mücke kommt ins Zimmer –
Ts-bumm!
Sie schweigt für immer!

Trampel ist wieder da!

Trampel ist wieder da!

Ein jeder kennt das Trampeltier
Es fängt schon morgens an um vier

Trampel ist wieder da!

Gestern war es nicht zu Haus´
Da ruhte ich mich richtig aus

Trampel ist wieder da!

Es trampelt bald die ganze Nacht
Ich frage mich, wie es das macht

Trampel ist wieder da!

Tropf

Verliebt auf´s Neue
Bis über beide Ohren!
Nie wieder ein Mädchen!
Hast Du´s nicht geschworen?

Gedacht und gewollt!
Nach dem letzten „Schluß".
So Dich zu sehen
Tropf – war ein Genuß!

Und nun? Was nun?
Wieder ein Schritt zurück
Oder doch einer
Näher an´s Glück?

Die Zeit wird es zeigen
Die Zeit nur allein,
ob Du glücklich
oder wirst einsam sein.

Trotz Zuckerhut

Ja, viel Bier
Gibt es hier
Doch es schmeckt
Mit Respekt
Nicht so gut
Trotz Zuckerhut!

Über Liebe schreiben

Über Liebe schreiben
Immer dieselben Zeilen
Immer dieselben Worte
Gedicht an Gedicht ich horte
Nichts Neues fällt mir ein
Wie auch? Kann´s denn sein?
Wie was Neues finden,
Sein Gehirn dafür schinden,

Wenn es immer dasselbe ist,
Das von Neuem an Dir frißt
Es ist immer dasselbe, ja
Doch immer so, als ob´s nie vorher war
Neu und doch beim Alten!
Die Liebe läßt es walten
Ich sage: „Ich liebe Dich"
Und – wiederhole mich
Doch es ist so
Und es macht mich froh!
Ich liebe liebe Dich!
Du schreibst, Du auch mich
Ich hab´s noch nie erlebt zur gleichen Zeit
Vielleicht – vielleicht ist´s jetzt soweit

Und doch nur ein Traum

Wie die Wolke am Himmel
Wie das Blatt am Baum
So war sie für dich
Sie ist – und doch nur ein Traum!

Die Wolke zieht schnell vorbei
Im Herbst fällt das Blatt
Du bist so hungrig
Nach ihr – und doch bist du satt!

Die Wolke ist entschwunden
Das Blatt vermodert
Deine Liebe tot
Zu ihr – das Feuer lodert!

Und neue Wolken kommen
Tagaus und tagein
Und du denkst an sie
Mit ihr – wie könnte es sein!

Und neue Blätter wachsen
Wieder und immer
Du treibst ruhelos
Und sie – du kriegst sie nimmer!

Auf den Regen folgt Sonne
Sommer auf Winter
Kalter, fremder Blick
Von ihr – was steckt dahinter!

Und eines Tages

Und eines Tages werde ich erwachen
Aus diesem Alptraum

Und eines Tages werde ich meine
Augen öffnen, dann

Und eines Tages wird Leben und
Liebe zurückkehren

Und eines Tages wird der
Frühling kommen

Und eines Tages werden die
Knospen sich öffnen, wieder

Und eines Tages werde ich
Gott geben, was ihm gehört

Und eines Tages wird die
Welt lachen mit mir

Doch heute weine ich

Und sah dich in der Sonne

Und sah dich in der Sonne
Und stehen auch im Licht
Und sagte dir: ich komme
Und wollte es doch nicht!

Wir trafen uns dann und wann
Wir sprachen und gingen
Wir – so fing es langsam an
Wir legten uns Schlingen.

Kein Gefühl – du willst das nicht
Kein Kuß – das ist für ihn
Kein Samstag, damit es bricht
Kein Weg zur Hoffnung hin

Mir wird übel und wird schlecht
Mir ist ganz kalt und heiß
Mir scheint die Welt ungerecht
Mir ist ganz blaß und weiß.

Einen guten Freund für dich
Zum Reden und nicht mehr
Einen Zeitvertreib für mich
Wenn das so einfach wär!

Kannst gehen und kannst laufen
Du fällst auf dein Gesicht
Gefühle, nicht zu kaufen
Planen kannst du sie nicht!

Und sah dich in der Sonne II

Und sah dich in der Sonne
Und stehen auch im Licht
Und sagte dir, ich komme
Und wollte es doch nicht!

Und bin dann doch gekommen
Da gab es kein Zurück
Hast alles nun genommen
In einem Augenblick

Nun steh ich da und schaue
Und weiß nicht her noch hin
Weiß nicht, wem ich nun traue
Weiß nicht, woran ich bin

Und will nicht von dir lassen
Weiß nicht wieso, warum
Ob wir zusammen passen
Ob alles schrecklich dumm

Komm, laß es uns versuchen
Ist nicht die Zeit zum Ruhn
Glück kannst du nicht buchen
Du mußt schon etwas tun!

Und sah dich in der Sonne 1999

Und sah dich dann im Schatten
Und in der Dunkelheit
Und fragte, was wir hatten
Wo ist unsre zeit?

Und waren viele Tage
Strahlten voll der Sonne
Es stimmt, wenn ich es sage:
Blühten in der Wonne

Und Regenwolken kamen
Am Himmel her zu Hauf
Das Sonnenlicht sie nahmen
Gab dennoch dich nicht auf

Und kam die Sonne wieder
Füllte das Herz in mir
Es ging auf, es ging nieder
War wunderschön bei dir

Und wollte bei dir bleiben
Sollte für immer sein
Herz, nun mußt du leiden
Bist wieder mal allein

Hast alles mir genommen
Hoffnung, Liebe, Leben
Als du zu mir gekommen
Hast es weggegeben!

Und stehst in weiter Ferne
Was war es denn für dich?
Ich hätte dich sehr gerne
War nicht sehr gut für mich!

So fließt das Leben weiter
Hab niemals es gedacht
Vielleicht werd ich gescheiter
Aus Fehlern, die gemacht

Und Dunkelheit umschließt mich
Und Ferne kommt sehr nah
Und Traurigkeit ergießt sich
Aus dem, was mir geschah!

Und war zu dir gegangen
Und wußte nicht, warum
Du hattest mich gefangen
Mein Gott, wie war ich dumm!

Und sah dich in der Sonne 2020

Und sah Dich in der Sonne
Und sah Dich nicht im Licht
Und Du warst eine Wonne
Denn ich sah Dein Gesicht

Es war ein Tag mit Sonne
Es war ein Tag mit Licht
Und Du warst keine Nonne
Und weg war meine Gicht

Hoch stand im Feld der Roggen
Als mich der Hafer sticht
Und ließ mich leicht verlocken
Und Widerstand war nicht

Der Roggen wog im Winde
Ihr Lächeln war famos
Alles ging geschwinde
Hell leuchtend war ihr Schoß

Der Wind war weit verflogen
Die Sonne senkte sich
Ich hatte ihn gezogen
Sie beugt sich über mich

Ihr Lächeln war dämonisch
An mir war alles steif
Es war nicht nur platonisch
Die Frucht, sie war sehr reif

Nun ist die Zeit vergangen
Die Sonne brennt noch heiß
Sie hat mich kalt gefangen
Ihr Herz, das ist aus Eis

Und sah Dich in der Sonne
Und sah Dich wie Du bist
Und Du bist keine Nonne
Drum ist es wie es ist!

Und wenn

Glaubst Du, daß ich Dich liebe,
Glaubst Du es?
Ich, ich weiß es nicht!
Ich habe Angst davor, es zu wissen,
Angst, weil ich weiß, was dann ist.
Angst, weil ich glaube zu wissen, was dann ist,
Angst davor, daß es so kommt.
Und wenn ich Dich liebe,
Was dann?

Und wenn ich Dich liebe

Und wenn ich Dich liebe
Für immer bei Dir bliebe
Alles für Dich tue
Keinen Moment der Ruhe
Dir alles gebe
Nur für Dich lebe
Was wird dann ohne Dich sein
Wär´ ich für immer allein?

Unruhe

Ein tiefer Schmerz
Der in mir ist
Quält mein Herz
An meiner Seele frißt

Ich kann ihn nicht beschreiben
Gegen ihn nichts tun
Nun muß ich leiden
Kann nicht ruhn

Mein Herz zerspringt
Gefüllt mit Ungeduld
Der Mut versinkt
Ist es meine Schuld?

Ich traure Versäumtem nach
Möchte anders sein als ich
Muß erdulden jene Schmach
Kann ich ändern mich?

Will mehr davon haben
Nicht für lange, nur zum Spaß
Sehne mich nach ihren Gaben
Ist denn Sünde das?

Nur von einer will ich mehr
Ich will immer bei ihr sein
Ich gäb´ sie nie mehr her
Unsre Liebe wär´ kein Schein!

Urlaub

Wenn einer eine Reise tut
Ist das nicht immer gut!

Schon früh am Morgen geht es los:
Die Kinder schnell geweckt

Den Frühstückstisch gedeckt
Oh Gott, wo bleibt das Taxi bloß?

Endlich, man ist am Bahnhof dann
Doch: wo fährt der Zug – und wann?
Um fünf nach Acht auf Bahnsteig drei!
Schnell rein, ah, da sind noch Plätze frei!

Wir haben´s gerad noch so geschafft,
Der Herr da gegenüber, o nein, der pafft!
Genüßlich zieht er an der Zigarette
Ein Kettenraucher – jede Wette!

So geht es dann die ganze Reise
Ach Kinder, nun seid doch endlich leise!
Der Schaffner kommt herein –
Wo können bloß die Karten sein?

Endlich findet man sie in `ner Tasche
Dabei fällt um dann leider eine Flasche!
Dem Raucher mißfällt die nasse Hose sehr –
Doch ändern kann er jetzt auch nichts mehr!

So ist jeder froh und glücklich dann,
Als man am Zielbahnhof kommt an.

Die Koffer waren ja schon vorher aufgegeben –
Dann geht wenigstens hier nichts mehr daneben!
Doch als in Empfang man sie will nehmen –
Hört man, daß sie erst übermorgen kämen!

Man marschiert los also zum Quartier –
Denn Taxi war auch keins mehr hier!
Dort endlich angekommen,
Wird man freundlich in Empfang genommen.

Die Zimmer werden zugeteilt
Wo ist das Klo? Es eilt!
Ach da, nanu, was ist denn das?
Im Bad ist ja der ganze Boden naß!

Das kommt von dem Rohrbruch,
Den wir gestern hatten;
Ich zeige Ihnen auf dem Hof das andre –
Wenn Sie gestatten!

Zurückgekehrt ins Zimmer
Beginnt erneut Gewimmer:

Die Tür, die geht nicht richtig zu!
Der Schrank ist viel zu klein!
Was macht unter meinem Bett ein alter Schuh?
Muß ein Fenster nicht zum Öffnen sein?

Doch alles Klagen hat ja keinen Sinn:
Man hat´s bezahlt und sitzt jetzt drin.
Außerdem verbringt man ja den Tag am Meer
Und nur zum Schlafen kommt man her!

Das Licht wird ausgemacht
Man freut sich auf die Nacht.

Doch was soll denn das bedeuten –
Sind das Glocken, die da läuten?
Man geht zum Fenster und blickt hinaus
Mein Gott, wie sieht´s da draußen aus!

Es ist fünf Uhr zehn
Eine Panzerkolonne passiert den Ort
Wie lange wird das wohl so gehen?
Nach einer Stunde sind sie endlich fort!

Am Morgen ist man ziemlich müde dann
Und widerwillig schickt man sich zum Frühstück an:
Das Brot ist ziemlich alt,
Der Kaffee natürlich kalt!

Verschlafen und mit leerem Magen,
Will man sich zum Strand nun wagen.

Dort endlich angekommen,
Wird jene Botschaft gleich vernommen:
Die Strandkörbe sind alle schon vergeben!
Na ja, man nimmt sich eine Decke eben!

Ach ja, der Sandstrand, der ist wunderbar –
Denkt ein Jeder, der noch nie hier war:
Scherben sieht man überall im Sand
Und den Film – vom Öl – am Wasserrand!

Doch das Schönste ist der Wind
Da freut sich jedes Kind:
Der Sand wird hoch geblasen
In Augen, Mund und Nasen!

Nach dem Mittagessen im Lokal –
15,20 jedes Mahl,
Kehrt man voller Glück
Wieder an den Strand zurück!

Nach drei solchen Wochen in dem Ort
Will man am liebsten nicht mehr fort!

Zu Haus erzählt man dann auch voller Glück
Wie herrlich alles war –
Man fährt nächstes Jahr dorthin zurück!
Denn alles war ja wirklich wunderbar!

Urlaubspflicht

Als ich heute aufgewacht
Und das Fenster aufgemacht
Sah ich Regenwasser fließen
So war es einfach zu beschließen:
Im Bett zu bleiben
Und Postkarten zu schreiben!

Verloren

Verloren – aus und vorbei
Verloren – einerlei
Die Hoffnung auf das Neue sie bleibt
Die Hoffnung, die vorwärts Dich treibt
So hoffe und blicke ins Leben
Und danke Gott, der es Dir gegeben
So hoffe, ich kann es nicht mehr
Ich bin ausgepumpt und leer

Verweht

Du hast Erinnerungen an dies und das
An manchen Schmerz und manchen Spaß

An Zeiten, wo Du glücklich warst
An Zeiten, wo Du vor Schmerz zerbarst

An die Stunden Deiner ersten Liebe
Als Du dachtest, daß es immer so bliebe

An die Zeit, als diese Liebe verging
An der doch Dein ganzes Herz einst hing

An die Zeit, die danach kam
Dein Herz auf´s Neue gefangen nahm

Es ging hoch – es ging nieder
Vergangenheit – es kommt nie wieder

So wie die Zeit vergeht
Werden auch die Erinnerungen verweht

Verwirrt

Was mach ich falsch
Was tu ich nur
Was mach ich falsch
Bin Dummheit pur!

Nichts zu retten
Nichts zu machen
Nichts zu retten
Und soll lachen?

Will sie lieben
Will sie haben
Will sie lieben
Ich muß darben!

Doch, wer denn nur
Seh das Gesicht
Doch, wer denn nur
Ich weiß es nicht!

Kann es denn sein
Ich bin allein
Kann es denn sein
Sie ist nicht mein!

24 Stunden

24 Stunden hat der Tag
24 Stunden ist er lang
24 Stunden jede einen Schlag
24 Stunden hat alles seinen Gang

24 Stunden sitzt du da
24 Stunden im Büro
24 Stunden an der Bar
24 Stunden oder anderswo

24 Stunden um zu schlafen
24 Stunden um zu essen
24 Stunden um zu harfen
24 Stunden zum Vergessen

24 Stunden Tag für Tag
24 Stunden Jahr für Jahr
24 Stunden mit jedem Schlag
24 Stunden ewig, immerdar

24 Stunden a 60 Minuten
24 Stunden wie viele Sekunden?
24 Stunden die Minuten verbluten
24 Stunden und auch die Sekunden

24 Stunden dein Leben rinnt dahin
24 Stunden alles geht vorbei
24 Stunden zu Ende, kaum am Beginn
24 Stunden für uns zwei

Vierzeiler

Alkohol oben rein
Pipel unten klein
Salz drauf
Steht er wieder auf.

Alter geiler Weihnachtsmann
Schau mich nicht so gierig an
Stecke deine Rute ein
Ich will nicht von dir schwanger sein!

Der Osterhase bringt das Ei
Er hoppelt schnell vorbei
Doch schneller ist der Bus
So ist er Brei am Schluß...

Es sitzt ein Floh
Er sitzt im Stroh
Er sitzt jetzt da
Wo vorher keiner war!

Hast du dicken Po
Macht das Männer froh
Hast du auf dem Kopfe Schin
Hat das Haarewaschen keinen Sinn!

Schnee liegt draußen
Kuhlenkampff spricht
Wein rinnt durch die Kehle
Kopf ist schwer – Herz ist leer.

Schön, Dich zu sehen
Schön, mit Dir zu gehen
Schön, bei Dir zu sein
Schön, nicht mehr allein.

Vom Sinn

Auf der Wiese die Blume
Auf dem Tisch die Krume

Auf dem Stein das Moos
Auf dem Teller der Kloß

Auf der Weide die Kuh
Auf dem Boden der Schuh

Auf der Straße die Steine
Am Hund die Leine

Die Sonne am Himmel
An der Glocke Gebimmel

Wenn Du es verstanden hast – dieses Gedicht
Komm und erklär´ es mir – ich nämlich nicht!

Vorbei

Ich kam aus meinem Haus
Trat vor die Tür hinaus
Da sah ich kommen Dich
Und Du sahst da auch mich

Sahst mich fragend an
Ich wußte nicht, was dann
Deine Augen strahlten
Schöne Dinge malten!

Ich war total perplex
Und dann kam der Reflex:
Ich ging ganz starr vorbei
In mir ein stiller Schrei

Was hast Du da gedacht?
Hab´ alles falsch gemacht!
Einen Moment geschaut
Mir selber mehr vertraut

Was wäre geschehen?
Hätte Dich gesehen!
Deine schönen Augen
Alles in mich saugen

Gestanden dann vor Dir
Dein scheuer Blick zu mir
Ein Lächeln und ein Kuß
Für beide ein Genuß!

Vor der Tür

es steht der Has´ auf seinem Bein
er stehet dort
er will herein
er geht nicht fort

die Enten stehen vor dem Haus:
wie sieht es dort mit Wasser aus?
das Wasser ist gegangen
die Enten werden angehangen

wenn es duftet aus dem Ofen
beginnt das große Schwoofen
Wein, Weib und Gesang
alles geht so seinen Malbuhgang...

Was?

Ich mag nicht im Dunkeln sein,
im Dunkeln ist man allein.

Aber wenn ein Lichtlein brennt,
es die Einsamkeit zertrennt.

Ich möchte, daß Du hier bist bei mir
Darf ich das je sagen zu Dir?

Du bist noch so jung – verstehst Du mich?
Ich will Dir nur sagen – ich liebe Dich!

Ist es Liebe oder Schwärmerei?
Ist es Verliebtsein oder Kinderei?

Ich bin alt genug, es zu wissen.
Ich will Dich berühren, will Dich küssen.

Doch Du, weißt Du es schon, was es heißt?
Ich weiß nicht, ich weiß nicht, ob Du es weißt!

Was ist geblieben?

Viel war,
was nicht mehr ist.
Was ist geblieben?
Kann ich – man mich noch lieben?
Nicht einmal Streit
Kein: es tut mir leid
Und kein: verzeih.

Was ist Liebe?

Was ist Liebe?
Freude und Schmerz
Jubel und Trauer
Himmelhochjauchzend und zu Tode betrübt
Himmel und Hölle
Glück und Verzweiflung –
Schön

Was Worte nicht vermögen

Ich will Dich – will Dich allein
Will nur mit Dir zusammen sein

Will Dich nie verlassen
Will Dich lieben, will Dich hassen

Will Dich verehren
Will Deinen Körper nicht entbehren

Will Deine Liebe spüren
Will das Feuer in Dir schüren

Will, daß Du grausam bist
Will, daß Du mich vermißt

Will alles mit Dir teilen
Will Deine Wunden heilen

Will – was Worte nicht vermögen

Wegen Dir

So manche schlaflose Nacht
Hab´ ich wegen Dir verbracht
Du bist es, an die ich denke
Der mein ganzes Herz ich schenke

Es ist so, wie ich es sage
Ich zähle die Stunden, zähle die Tage
Und wenn Du wieder hier bist
Frag´ ich, hast auch Du mich vermißt?

Weg ganz weit

Weg ganz weit
Mit Dir zusammen
Leben ohne Zeit
Und ohne Bangen

Ohne Kampf hier
Ohne Hetze da
So lebten wir
Ach, wär´ es wahr!

Die Sonne scheint
Der Himmel blau
Niemand weint
Nichts ist grau

Baden im Meer
Liegen am Strand
Zeig´ es her
Dieses Land

Ich werd´ es finden, ja
Mit Dir zu zwein
Leben für immer da
So – so soll es sein

Weil ich Dich mag

Und wenn ich mal war grob zu Dir,
Bitte, wenn Du kannst, verzeih´ es mir.

Und wenn ich Dich hab´ manchmal angeschrien,
Ich bitte Dich auf Knien

Ich brauch´ Dich wie das Licht den Tag
Weil ich Dich doch so sehr mag!

Und dunkel ist es wie die Nacht
Wenn ich läng´re Zeit hab´ ohne Dich verbracht

Ob Du das Gedicht schön findest,
Dich in Deinem Bett vor Lachen windest,

Böse auf mich bist, weil ich es tat;
Es ist doch alles nur, weil ich Dich mag!

Weisheit

Ich bin nicht groß –
Bin noch ziemlich klein

Doch darf ich deshalb
Nicht auch mal glücklich sein?

Weiß nicht einmal

Weiß nicht warum
Weiß nicht wohin
Weiß nicht einmal
Wer ich denn bin

Weißt Du, wie es ist?

Weißt Du, wie es ist,
viele Freunde zu haben
und trotzdem alleine zu sein?

Weißt Du, wie es ist,
wenn man morgens aufwacht
und sich fragt: Warum?

Weißt Du, wie es ist,
wenn man keinen Sinn mehr
in seinem Tun sieht?

Weißt Du, wie es ist,
wenn man in den Tag hinein
vegetiert?

Weißt Du, wie es ist,
wenn man Wärme sucht
und nicht einmal Kälte findet?

Weißt Du, wie es ist,
wenn man sich fragt,
was Hoffnung ist?

Weißt Du, wie es ist,
wenn man am Boden liegt
und zu fallen glaubt?

Weißt Du, wie es ist,
wenn man glaubt, sich daran erinnern zu können,
mal gelacht zu haben?

Weißt Du, wie es ist,
wenn man immer nur gegeben
und nie empfangen hat?

Weißt Du, wie es ist,
wenn die Leere sich
in das Nichts frißt?

Weißt Du, wie es ist
Wenn man laut schreit
Und brüllen will?

Weißt Du, wie es ist,
wenn einem der Mut fehlt,
mutlos zu sein?

Weißt Du, wie es ist,
wenn man sich verloren hat?

Weit entfernt

Ich werde Dich vermissen
Wann kann ich Deine Lippen wieder küssen?

Na, wie ist´s in Griechenland
Scheint die Sonne, bist Du braun gebrannt?

Oder regnet es in Strömen
Und Du kannst nur über´s Wetter stöhnen?

Wenn Du

Wenn Du mich kratzt und beißt
Um Dich schlägst und lauthals schreist
Wenn mein ganzer Körper vor Schmerzen stöhnt
Deine Gemeinheit mich gänzlich verhöhnt

Das alles ist ein süßer Schmerz
Es erfüllt mein ganzes Herz
Nichts Schönres kann es geben
Als nur für Dich zu leben

Die Qual, Dich nicht zu sehen
Nicht neben Dir zu gehen
Sie zerbricht mich ganz und gar –
Ich bin nicht mehr – ich war

Wenn Du kommst zur Welt

Wenn Du kommst zur Welt
Hängt Deine Zukunft davon ab:
Wer ist Dein Vater – hat er Geld?
Oder sind die Mittel eher knapp?

Ist Dein Vater reich
Liegst Du im Bettchen weich
Ein Kindermädchen sorgt für Dein Wohlergehn
Kann Dir denn Besseres geschehn!

Ist Dein Vater arm
Ist es selten warm
Du liegst in einem harten Bett
Und von dem Essen wirst Du bestimmt nicht fett!

Wenn ich

Wenn ich an Dich denke
Meinen Blick Dir schenke
Wenn ich Deinen Körper seh´
Vom Kopfe bis zum kleinen Zeh
In Deine Augen schaue
Mich an Deinem Mund erbaue
Wenn ich Deine Lippen küsse,
Deine Augen, braun wie Nüsse
Mich an Deinem Busen weide
Deiner Haut wie Seide
Wenn ich Deine Schenkel fasse
Dein Haar durch die Finger gleiten lasse
Wenn ich Deine Wirbelsäule abwärts streiche,
Endlich Deinen Po erreiche
Wenn ich mich dann an Dich presse,
Dich mit meinen Blicken fresse
Dann glühend heiß durchströmt es mich
Und ich weiß: Ich liebe Dich!

Wer bist Du?

Bei allem, was ich schreibe
Allem, was ich treibe –

Was ich sage über Dich
Bei alldem frag´ ich mich
Und es läßt mir keine Ruh´:
Wer zum Teufel, wer bist Du?

Wer ich bin

Höre zu
Und sieh´ hin,
willst Du wissen,
wer ich bin!

Wieder daneben

Was schöner als lieben
Was schöner als leben?
Und ich?
Wieder daneben!

Wieder mal

Schon wieder mal gedacht –
Einen Fehler gemacht!

Sie ist süß, sie ist klein
Aber will nicht mit dir zusammen sein.
Als sie dich hat geküßt
Fragtest du, was das wohl ist.

Zwei Tage später dann o ja,
da war ihre Antwort da:
es hätte keinen Sinn –
alle Hoffnung dahin.

Du gingst zu ihr
Und gabst ihr einen Kuß
Was machte sie mit dir?
Patsch – Wumm – Aus – Schluß.

Ich glaub´, ich bin verliebt in sie –
Ich glaub´, ich werd´ es lernen nie!

Wie immer

Ich denke an Dich
Und seh´ Dich an
Und frage mich:
Was dann?

Die Nähe Deiner Lippen
Deine Wärme, Deine Heiterkeit –
Deine Augen, Dein Gesicht,
Ich seh´ Dich an –
Und hab´ Dich nicht!

Du strahlst
Und schaust mich an
Du strahlst –
Und was kommt dann?

Du strahlst:
„Wie schön das wird!"
Du strahlst:
„Mit Dirk!"

Wohin?

Wer fragt nach dem Wind?
Wer fragt nach denen, die nicht mehr sind?
Glaubst, Dich zu kennen.
Kannst nicht gehen, kannst nicht stehen.
Die Augen sehen – was?
Die Ohren hören – worauf?
Du läufst, Du rennst.
Du fällst.
Du bist – unbedeutend, klein.
Nicht mehr.
Wohin?

Worte

Worte sind wie Zeit
Ganz nah – unendlich weit
Man will so vieles sagen –
Nur mit Buchstaben sich plagen
Das Herz sagt doch viel mehr
Es liebt Dich ja so sehr

You Are In My Mind

Give me your love
And I feel above
There are things to say
But not today

You are in my mind
My eyes seemed blind
It´s not a game
It´s always just the same

Let´s go together
And please forever
Don´t think of love
Be like a dove

You are in my mind
My eyes seemed blind
It´s not a game
It´s always just the same

You broke my heart
Right from the start
But I feel better
Changing like weather

You are in my mind
My eyes seemed blind
It´s not a game
It´s always just the same

Zahlenbrei

Eins zwei drei
Wo ist das Ei?
Vier fünf sechs
Nur für die Hex´!

Sieben acht
Was ist gemacht?
Neun und zehn
Wer will denn gehen?

Elf und zwölf
Da kömmt der Wölf!
Dreizehn ja
Jetzt ist er da!

Vierzehn und
Alles ist bunt
Fünfzehn sechs
Es gibt auch Sex

Siebzehn acht
Ganz schnell gemacht
Neunzehn zehn
Was ist geschehn?

Zwanzig eins
Jetzt ist es deins
Zwanzig zwei
Ich bin dabei

Zwanzig drei
Nun einerlei
Zwanzig vier
Bleib du bei mir

Zwanzig fünf
Auch ohne Strümpf´
Zwanzig sechs
Schon wieder Sex

Sieben zig
Das gibt es nicht
Zwanzig mehr
Das ist zu schwer!

Ziemlich hohl

Nun bin ich blau
Und liege hier
Nun bin ich blau
Und nicht bei Dir

Denke daran
Und frage mich:
Was soll das nur?
Was ändert sich?

Ich sitze da
Und fühl´ mich wohl
Doch alles Quatsch
Und ziemlich hohl!

Gehe schlafen
Und am Morgen
Ich wache auf
All die Sorgen

Sind wieder da,
kein Weg hinaus
Was soll ich tun?
Ist alles aus?

Ich fühle mich,
ich bin so klein
Ich weiß es nicht;
Will nicht mehr sein

Ziemlich kurz

Lieben und hassen
Nicht von Dir lassen

Nehmen und geben
Im siebten Himmel schweben

Nicht rasten, nicht ruhen
Alles für Dich tuen

Dich beißen, Dich küssen –
Dich lieben müssen

Zuletzt

Kann nicht mehr, will nicht mehr,
Kopf ist leer.

Kenne Dich, kenne mich,
liebe Dich!

Warum schreiben, warum leiden –
Nur bei Dir bleiben!

Warum fragen, warum klagen –
Ja nur sagen!

Warum sitzen, warum schwitzen –
Den Augenblick benützen!

Es war kein Augenblick und doch
War es mehr – viel mehr.

Zwei Reiter

Es ritten zwei Reiter
Der eine, der trug eine Leiter

Der andere ritt nur so daher
Dem ersten ward die Leiter bald zu schwer

Da gab er sie dem andern
Dieser kam aus Flandern

Und ehe er sich versah
War das Miracle da:

Unerfahren im Leitertragen
Landete er im Straßengraben!

Die Moral von der Geschicht:
Wenn du kommst aus Flandern,
Reite mit `ner Leiter nicht;
Du solltest lieber wandern!

`82

Wieder ein Jahr vorbei
Wieder ein Jahr einerlei.

Ein neues kommt, ein neues geht.
Deine Zukunft in den Sternen steht.

Im Januar das böse Erwachen
Schon im Februar wolltest Schluß Du machen.

Im März. Traurig. Schluß. Aus. Vorbei.
Und dann im April alles wieder wie neu.

Im Mai nur noch die Hoffnung da,
Im Juni auch diese entschwunden war.

Im Juli verreist, wunderschön.
Im August ist es dann geschehn:

Das andere verdrängt, es ging.
Cuxhaven. Vom Schicksal ein Wink.

Glücklich und frei –
Doch schon wieder Wehmut dabei:

So verging der September dann,
Und im Oktober irgendwann:

Womit Du nie gerechnet hast,
Die Liebe hat zugefaßt.

November und Dezember wie im Traum,
Glücklich nach vorne schaun.

Wieder ein Jahr vorbei
Wieder ein Jahr einerlei.

Ein neues kommt, ein neues geht.
Deine Zukunft in den Sternen steht.

Zwei Worte

Hab´ mich gefreut,
Dich zu sehen.
Hab´ mich gefreut,
ich blieb stehen.
Ich sah Dich an,
und was kam dann?
Du schautest her
Und ich – immer mehr.
Ich sprach Dich an –
Date für Sonntag dann.
Da bracht´ ich Dich nach Haus´
Zwei Worte und alles aus:
Damit fing es an;
Mein Herz hängt dran.

Zweizeiler

Es wird besser von Tag zu Tag
Weshalb? Weil ich Dich mag!

In mir erwacht der Trieb
Komm´ und hab´ mich lieb!

Lieber einzeln alleine
Als zu zweit einsam sein!

Nur bei Dir allein
Will ich immer sein!

Ohne Treue, ohne Schmerz
Ohne Reue, ohne Herz.

Sie hat viele schöne Blusen
Doch am Schönsten ist ihr Busen!

Willst du bumsen und bist niedlich
Brauchst du keinen Dietrich!

Leseempfehlung:

Das Nordlicht, das Bier und ich

Jens lebt mit seinen Eltern in Berlin. Als sein Großvater in Husum stirbt, reist die Familie zur Testamentseröffnung dorthin. Der Inhalt des Testaments und das Wiedersehen seiner Mutter mit einem alten Jugendfreund lassen die Ehe seiner Eltern und die Vergangenheit seiner Mutter in einem ganz neuen Licht erscheinen.

Die Verwirrung seiner Gefühle wird noch verstärkt durch die Begegnung mit der 16 Jahre alten Meike, von der eine unerklärliche Anziehungskraft auf ihn ausgeht.

Als er ein bisher gut gehütetes Geheimnis aus dem Leben seiner Mutter erfährt, führt das zu einem scheinbar unauflösbaren Widerspruch zwischen dem, was sein Herz und dem, was sein Verstand sagt...

Owe Klajü - Das Nordlicht, das Bier und ich
Roman, 198 Seiten, Paperback
Herstellung und Vertrieb: Books on Demand GmbH, Norderstedt, ISBN 978374 1263316

Herr Kues

Auf den ersten Blick ist Herr Kues ein ganz normaler Mann mittleren Alters. Doch Herr Kues ist anders. Er lebt in seiner eigenen Welt, die er nur verläßt, um seiner Arbeit nachzugehen. Er hat keine Freunde und er will auch keine Freunde haben. Er ist zufrieden mit sich selbst. Seine Kollegen sehen ihn, aber sie nehmen ihn nicht wahr. Er ist wie ein Schatten. An seine Vergangenheit kann er sich nicht erinnern; für ihn war alles schon immer so, wie es gerade ist.

Doch dann geschieht etwas, das ihn zwingt, seine Welt zu verlassen…

Klaus-Jürgen Sparfeld - Herr Kues
Roman, 140 Seiten, Paperback
Herstellung und Vertrieb: Books on Demand GmbH,
Norderstedt, ISBN 978383 9111765